长三角教育科研丛书

教育活力的新视域

徐士强　吴宇玉◎主编

华东师范大学出版社
·上海·

图书在版编目(CIP)数据

教育活力的新视域/徐士强,吴宇玉主编.—上海:华东师
范大学出版社,2021
(长三角教育科研丛书)
ISBN 978-7-5760-2279-7

Ⅰ.①教… Ⅱ.①徐…②吴… Ⅲ.①教育工作-文集
Ⅳ.①G4-53

中国版本图书馆 CIP 数据核字(2021)第 224947 号

长三角教育科研丛书
教育活力的新视域

主　　编　徐士强　吴宇玉
策划编辑　彭呈军
责任编辑　白锋宇
责任校对　时东明
装帧设计　卢晓红

出版发行　华东师范大学出版社
社　　址　上海市中山北路 3663 号　邮编 200062
网　　址　www.ecnupress.com.cn
电　　话　021-60821666　行政传真 021-62572105
客服电话　021-62865537　门市(邮购)电话 021-62869887
地　　址　上海市中山北路 3663 号华东师范大学校内先锋路口
网　　店　http://hdsdcbs.tmall.com

印 刷 者　上海华顿书刊印刷有限公司
开　　本　787×1092　16 开
印　　张　14
字　　数　187 千字
版　　次　2021 年 11 月第 1 版
印　　次　2021 年 11 月第 1 次
书　　号　ISBN 978-7-5760-2279-7
定　　价　46.00 元

出 版 人　王　焰

"黄浦杯"征文组委会

主 任

徐士强　姚晓红

副主任

俞晓东　左　坤　奚晓晶

委　员（以姓氏音序排列）

曹伟华　陈　杰　陈江辉　陈素平　陈玉华　丁　杰　丁永章　方　华

方建新　冯　吉　高兴邦　何永红　何振国　季　恒　季晓军　江　平

刘俊利　卢廷顺　马　骏　马群仁　沈忠峰　汤林春　唐春萍　王　俊

王俊山　王丽琴　吴水洋　吴宇玉　夏心军　肖连奇　杨姣平　杨文斌

叶鑫军　俞冬伟　张肇丰　张忠山　张竹林　赵　联　赵凌云　赵新鸿

周　梅　周　明　朱军一　朱连云

本书编委会

主　编

徐士强　吴宇玉

编　委（以姓氏音序排列）

汤林春　吴宇玉　徐士强　张提舒可　张肇丰　周　明

目录

前言　教育活力从哪里来

在阳光下自由奔跑、在教室里热烈研讨、在舞台上尽情绽放……每当在校园里被孩子们生龙活虎的状态所打动时,我就期待这样充满生命活力的场景能成为所有孩子的生活常态。

2020年9月,教育部等八部门联合印发《关于进一步激发中小学办学活力的若干意见》,一时之间,"活力"一词冲上教育热搜,且热度至今未减。此后教育部及相关部门出台的一系列文件和举措,都直接或间接与激发教育活力尤其是中小学办学活力相关。回归教育本质,创造有活力的教育,办出有活力的学校,成为当下教育改革的主题词与风向标。

一般而言,"活力"是指"旺盛的生命力",与英语中"vigor"的内涵比较接近。其主体既可以指一切有生命的东西,如人、动物、植物等,也可以指人类所创造出的有生命特质的组织,如机构与团体等;其表现既可以指精神上思维的活跃性,也可以指生理上机体的活跃性。具体到教育活力,可以理解为教育系统内的组织和个体所具有的积极主动生存和发展的意识、行为和能力。提高教育活力,归根结底是要让学校有活力、教师有活力、学生有活力,这需要从组织和个体两方面同时用力。

当前各地教育活力不足的重要原因,往往在于自上而下的管理过多、过杂、过乱,束缚了基层组织和个体的工作积极性、主动性和创造性。因此,相关部门要做好顶层设计,从组织结构、运行机制、保障机制、监督评价等全领域入手,寻找激发各级各类组织活力的着力点。目前很多地方已经进行了一系列重要探索:推进区域人事制度改革,如改进干部教师选拔聘任机制,实施校长职级制、干部教师交流制、"县管校聘"制等;推进学校治理体制机制改革,如建立民主治校、民主监督的现代学校管理体系;推动微观层面的班级管理改革,如建立班级文化体系、班级规则制度、班级小干部轮换制等;从综合治理角度出发激发学生的生命活力,如发挥学校、教师、家长、社区的综合作用,等等。这些探索已经取得了很多良好效果,此处不再赘述。

组织是由不同的个体按一定的规则、规范组成的。因此,激发教育活力,最终要落实到具体的组织中的某个群体或某个个体上,这其中的关键少数人群就极其重要。局长、校长、班主任、家长,往往就是激发区域、学校、学生活力的最关键人群。

如何激发与保护这些关键少数人群的教育活力?

其一,重视并提升区域教育主管者的教育情怀与执政能力。在许多教育改革热点地区,虽然其教育发展成就源于政治、经济、社会等多种因素的综合作用,但往往有一位强势的区域教育领导者在主导和推动改革。2007 年,国家教育行政学院的研究者对 122 位县级教育局长进行调研,发现其中 60% 的局长来自教育系统外部。12 年后的 2019 年,北京师范大学对全国 26 个省市的 2898 名教育局长进行调研,发现这些局长"大多由非教育领域出身的行政领导担任或者转任"。调研也显示,局长们是否是教育出身与区域教育发展水平并不具有统计学意义上的显著相关,但一些教育主管者因不了解基本的教育常识而胡乱作为或无所作为,有些部门对学校干扰太多、管得太多、激励不够、保障不够的现象时有发生,这些问题是"肉眼可见"的。

日本教育专家佐藤学曾说,研究教育需要用好"三只眼":一是飞鸟之眼,二是蜻蜓之眼,三是蚂蚁之眼。管理教育更是如此。美国学校管理者协会标准委员会早在 1993 年就制定了教育局长的 8 条职业标准,而我国目前依然没有制定针对教育局长的选任标准与培养机制。只有对区域教育发展形势有精准的判断、对现代教育规律有深刻的理解、对教育实践创新有高度的热情、对孩子和乡土有深沉的热爱,教育主管者才会有激情和意志去推进区域教育的整体优化或改进,去推动各部门进行科学有效的顶层设计,进而搅动区域教育的一池春水,为区域教育发展注入更多生机与活力。

其二,优化和调整干部教师培训的范式与侧重点。所有的事情都是由人来完成的,因此必然受到人的视野、格局、知识、能力等的局限。区域教育的活力,往往与主管者的视野和格局相关;学校的活力,往往与校长的能力和胸怀相关;班级的活力,往往与班主任的人品和内动力相关。提升局长、校长、干部、教师的专业素养与道德情操,依然是激发教育活力的关键要素。但已往的干部培训,从培训对象的角度看,缺少对教育行政人员的培训;从培训内容的角度看,更多注重"术"的层面的能力提升,对跟"道"与"理"层面相关的视野、格局、情怀、战略等方面的培训较为缺失;从培训方式的角度看,更多是以理论讲授式为主,实践操作和现场学习较少。相关教育培训部门应从只重视教育实践者的培训,转向同时重视决策者的培训;从更重视对"事情"的研究,转向同时更重视"人情"的研究;从对硬的物质保障的研究,转向更重视软的心理建设的研究;从更重视对脱离实际的虚理论的学习,转向更重视基于实践的真规律的发现,真正让培训工作入耳入心、知行合一、活力十足。

其三,建立学校家庭社会协同共生的治理体系。所有教育改革的最终指向与最高宗旨,都应该是学生的身心健康发展。学生不仅仅是学校的学生,也是家庭的子女、未来的父母、社会的公民。习近平总书记强调,必须更加注重改革的系统性、整体性、协同性,以改革激活力、增动力。激发学生活力,应该从学校教育、家庭教育、社会教育、终身教育综合治理的角度出发,为学生活力绽放创造适宜条件。从学校的角度看,干部教师尤其要重视对教学规律的研究,从课堂教学到作业布置,再到活动安排,要系统管理、统筹安排、五育并举;从社会的角度看,要整合优质社会资源,规范校外培训机构的无序无良竞争行为;从家庭的角度看,学校要积极进行家校合作机制建设,引导家长树立科学的养育观念,提升家庭教育能力。

其四,建立服务于区域教育变革的地方教育智库。激发教育活力,不能教育人关起门来自我革命,而是要借助外来专业力量的支持。自己的辫子自己舍不得剪就要借助理发师的手去剪,自己不清楚辫子好不好看就要让能看清的人客观评价。区域教育行政部门、教育集团和学校等都应建立自己的教育智库,将相关的部门、团队、人员纳入其中。一方面,借助外脑,提高决策的科学性,减少风险;另一方面,借助外眼,包括家长、社区、媒体、第三方评估机构等,审视、监督、评估相关政策实施的实际效果。

在这个过程中,我们还要提防活力激发走向"反动"。

过犹不及。我们目前谈激发教育活力,是基于有些地区和学校活力不足的现实,但同时也要避免从一个极端走向另一个极端。人身体内活力过多,就可能会得多动症;精神上活力过多,就可能会得妄想症。教育多动症,往往是上级管得太宽,各种检查络绎不绝;学校管得太多,活动冗杂评比繁复;老师管得太细,无缝管理令学生窒息。2019 年 6 月,中国教育科学研究院在一次调研中发现,某地一小学在 2018 年全年共收到政府部门发来的文件 1980 份。这是典型的教育多动症的表现。教育妄想症,则可能就是想得太多,计划太多,愿景描述太梦幻,概念思想满天飞,看似每个人都有自己的办学思想、教育理念、教育主张、教学思想,但并没有真正的理论突破或实践创新。

活力不足与活力过剩虽然外在表现不同,但实质却相近,可能都源于对功利的追求与能力的短板,源于民主与科学的缺失。民主,激发活力;功利,侵蚀民主;

科学,让活力在正确的轨道上行驶。区域和校长的活力要适度,不能打着激发活力的幌子而给教师不断加码;教师在课堂教学与班级管理中,不能为展示活力而打造表面热闹的课堂;家长在家庭中,不能为追求孩子的分数而忘记孩子的岁数。睡眠不足、运动不足、创新缺失的教育肯定不是充满活力的教育。我们要避免浅层次的活力杂糅,要走向深层次的活力十足,才能建立不怨、不怕、不偏、不穷、不闹的教育生态,才能达成师生不困、不累、不笨、不软、不苦的生命状态,才能达到教育活力内容与形式的完美统一。

《上海教育科研》已连续多年主办长三角城市群教育科研论坛,其学术和实践影响力都已远远超出长三角地区。这种视野、坚持和创造,是对长三角地区乃至全国基础教育的宝贵贡献,值得我们所有同行尊重和学习。这次入选的教育科研论文中,有许多富有实践智慧与理性光芒的好经验、好成果,值得我们认真学习、深入研究和深刻反思,在此也向各位作者致以最真挚的感谢。

一直以来,我们两家刊物在许多重要问题上有着难得的共识与默契。承蒙《上海教育科研》同行的错爱,完成这篇小作文,班门弄斧,如临贡院,挂一漏万,惴惴难安。"儿童散学归来早,忙趁东风放纸鸢",期待这种儿童生活的平常画面,在我们所有人的共同努力下,能成为这个时代中华大地上最美的风景。

孙金鑫

《中小学管理》主编

2021 年 11 月

第一章

焕发学生学习的活力

1. 从"重构"到"激活"：单元教学活力新路径

谈到教育活力,不同的语境会产生不同的理解,教育活力可以是国家教育体制和现状的活力,可以是区域层面办学发展的活力,可以是有关学校管理机制的活力和教师教育教学的活力,也可以是学生学习发展的活力。总的来说,教育活力是一个统摄性概念,可以理解为不同主体在教育发展中表现出来的积极状态和能动性行为。

教学观念和课堂范式的更新,是激发教育活力的重要途径。随着学科核心素养和道德与法治新中考的深入推进,探索学科单元设计研究和实践,成为当前教育教学改革的重要课题。本文从探索单元教学向度、重构学习活动、设计教学情境以及关注课堂生成这几个层面,阐述如何在单元教学视域下重构学习内容,激发道德与法治学科的课堂教学活力。

一、以终为始，探索单元教学向度

道德与法治课作为立德树人的关键课程，其所有教育教学的最终指向是人，是有生命力、有理性思考和个性化差异的学生，那么进行教育活力的探索，本质上就是探讨如何重构教学资源，营造有活力的课堂以促进学生学习活力的过程。

(一)"激活"之需：活力课堂的要点和含义

有生命力的课堂通过多样化的教学手段和情境设置，使得师生、生生能够在一定的情境中开展有效对话，交流个体的生活经验和所思所想，从而促进学生精神丰富、情感生成和健康成长。

但反观现实中的课堂，多数教师总是泛泛而谈，根据课程标准和教学经验完成教学进度，对于特别化的实例和事件不表达真实的个人观点和情感，用空洞的道理教导学生，用单薄的对话指示学生，出现一种"虚假课堂"或"独角戏剧"的情况。在这样的课堂中，学生并不愿意表露自己的真实想法和生活经历，也难以实现其思想的革新和生命的成长。

课堂教学的活力来自师生双方的对话和营造，有生命力的课堂首先是真实的课堂，真实的课堂要求教师乐于分享自己的真实，包括个人的生活经历、个人的观念、个人的价值选择以及个人的情绪，以自己的"真实"带动和唤醒学生的"真实"。这样真实沟通的课堂，才能开启有效对话，激发课堂教学的活力与生机。

(二)"重构"之能：单元教学的激活及价值

在基于"单元"理念的课堂中，教师能多元整合教学资源，根据一定的目标与主题展开探究叙事的活动，以激发课堂活力，培养学生的学科核心素养和关键能力。

在过去以"课时"为中心的教学理念下,学习内容呈现出碎片化的割裂状态,知识变成"点",而单元教学视域下的知识,是有着内在逻辑关系和演进路径的"网"。单元教学聚焦单元的关键问题,通过关键问题链的设计,让学生探究问题、生发问题、解决问题、升华问题,在单元的整体中领会知识的妙趣,促进思想的更新。

二、以生为本,重构真实学习"活"动

单元教学聚焦单元的关键问题,旨在突破碎片化的知识堆砌状况,通过关键问题链的设计,实现单元系统化和结构化的生成。

(一)"以线串珠",建构单元知识框架

学科概念是单元知识体系中的"细胞",是单元学习主题的主要载体,可在单元逻辑架构中灵活重组。学科概念的整体把握有助于学生更清晰地呈现单元知识的结构,并有效地提炼单元的核心价值。但是,单元中的学科概念就像散落的"珍珠",需要一根合适的线来串,因此,梳理知识脉络,"以线串珠",形成知识链,便十分有必要。

以部编版《道德与法治》六年级第四单元"生命的思考"为例,在对第四单元的教学内容进行整理之后,笔者重新梳理了第四单元的知识脉络,以"探问生命—敬畏生命—珍视生命—绽放生命"为主线,对第四单元的知识内容进行有机整合和重构,形成了单元的知识演进路径图,并标注了知识演进背后的逻辑思考。以"探问生命—敬畏生命—珍视生命—绽放生命"为主线分层拆解单元的核心内容,也自然地将单元分成了四个部分。"探问生命—生命有时尽—生命有接续"体现了本单元第八课的知识逻辑,启发学生思考和辨析生命的特征。在明晰了生命特征的基础上,第二个部分"敬畏生命"和第三个部分"珍视生命"对应本单元的第九

课,侧重引导学生树立对待生命的正确态度,不仅要爱护身体,还要养护精神。最后一个部分"绽放生命"对应本单元的第十课,旨在促使学生在"充盈自身""关切他人"中立志创造生命的价值(见图1)。

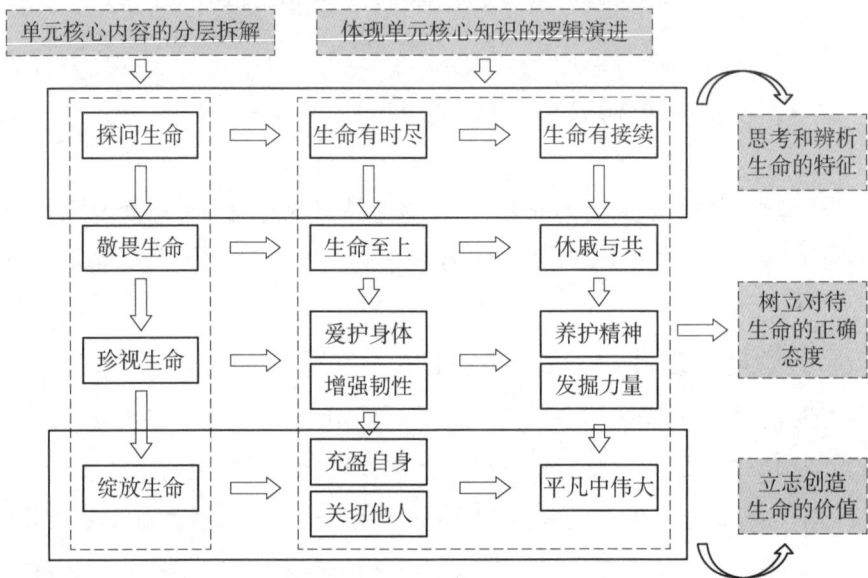

图1　单元教学视域下的演进路径图与设计立意

(二)"从点到面",梳理单元基本问题

单元教学设计需要教师深入研读教材,厘清教材内容的脉络,梳理知识与知识之间的关联,除此以外,还要基于学生的学习水平和角度来剖析教材、设置情景和提出问题。

第四单元"生命的思考"探讨的主题是这样一个问题:我们如何看待自己的生命?本单元由三课组成,第八课"探问生命"设有两框,首先以"生命可以永恒吗"这一问题引导学生敬畏、关怀生命,自觉选择道德的生活。第九课"珍视生命"设有两框,旨在帮助学生学会从身体和精神两方面来守护生命,培养养护身体、自救自护的能力,同时追求充盈的精神生活,增强生命的韧性和力量。第十课"绽放生命之花"设有两框:"感受生命的意义"这一框重在引导学生认真审视生命的意义,做自己生命的主人;"活出生命的精彩"这一框在前面内容的基础上,倡导学生努力在平凡的生活中书写自己的生命价值,追求生命的精彩。

根据本单元的内在逻辑结构,笔者对第四单元内容重新进行了整合(见表1),以"我们如何书写自己的人生答卷"这一问题作为单元的主题,继而设置相互关联又逐层递进的三个子问题来连接本单元的三节内容。(1)我们如何看待生命?(2)我们如何对待生命?(3)怎样的一生是值得过的?这三个问题作为单元一级问题,又分别发散出单元二级问题,这些问题串联成一个层层递进又螺旋上升的问题链,构成了整个单元的知识框架。

表1 单元教学问题链设计

单元基本问题	单元一级问题	单元二级问题
我们如何书写自己的人生答卷?	我们如何看待生命?	1. 生命为什么不可以永恒?
		2. 生命为什么可以永恒?
		3. 为什么说生命至上?
		4. 个体生命与他人生命有关联吗?
	我们如何对待生命?	1. 怎样守护好生命?
		2. 如何增强生命的韧性?
		3. 如何挖掘生命的力量?
	怎样的一生是值得过的?	1. 生命有什么意义?
		2. 生命的表现有什么不同?
		3. 如何在平凡的生命中造就伟大?

三、单元视角,联结生"活"微情境

根据知识的内在逻辑结构,设计了单元的关键问题链之后,接下来笔者就以第四单元"生命的思考"为例,重点论述如何通过设置关键问题来设计单元学习活动(见表2)。

表2　单元教学总体规划

单元基本问题	单元一级问题	单元主要学习活动	单元作业	单元评价
我们如何书写自己的人生答卷?	我们如何看待生命?	给漫画命名并解释自己为何这么命名。	以"生命可以永恒吗"为辩题,班级同学分为正反两方,课前准备好资料,进行一次课堂辩论。	1. 邀请学科教师参与课堂辩论赛,投票选出获胜方,颁发奖状。 2. 学生在课堂上的精彩回答和分享,以等第形式,计入本学期学习表现。 3. 在课堂分享环节,学生自评、生生互评和教师评价相结合。
	我们如何对待生命?	给"迷茫之人"回信。	分享信中的内容,分析人物的困惑,并回信予以疏导。	
	怎样的一生是值得过的?	绘制"我的人生轨迹图",分享自己独特的生命历程。	写一封信致未来的自己,初中毕业时打开。	
总结提升		漫画故事《背着十字架前行》,磨砺自我,做生命的强者,绽放生命之花。	思考漫画内容,讨论问题,分享感悟。	

(一) 从"问题"到"生活"——构建日常分享情境

笔者以"我们如何看待生命"为问题、以哲理漫画为抓手,来设计"探问生命"这一课的学习活动。首先,笔者将一组哲理漫画制作成视频,配上背景音乐,并朗读漫画中的文字部分。这组漫画是讲一个女人认为自己是世界上最不幸的人,决定从十楼跳下了结一生。在下坠的过程中,她看到了每个楼层人们生活的不易,各有各的"不幸",心生后悔。视频播放完后,笔者设计了"给漫画命名"的学习环节。漫画具有多重解读的可能,让学生从不同的角度用标题概括对这组漫画的感悟,并解释自己这么命名的原因。

在分享各自不同命名的活动中,同学们初步感知到了生命的特征,但理解还是比较朦胧和粗浅的。笔者继而以"生命可以永恒吗"为辩题,让班级同学分为正反两方,课前准备好资料,进行一次课堂辩论。在辩论中,正方持"生命可以永恒"的观点,主要论据支撑是生命的精神可以不灭,生命的价值可以长存;反方则持"生命不可以永恒"的观点,因为生命只有一次,是脆弱且稍纵即逝的。课前查阅资料和课堂辩论厘清的过程就是深入解析"探问生命"这一课主旨内容的过程,在论辩和思考中,学生的理解和感悟会更进一层。

(二) 从"生活"到"生命"——激发班队认知共情

对于第九课"珍视生命",笔者以"我们如何对待生命"引出了这一课的内容,同时在这部分设计了一个探究活动,阅读一封来自我校心理咨询室的求助信。在探究活动中,来信的是一位处在迷茫中的同学,他正面临着学业的困难和人际交往上的困惑而不知所措,想寻求大家的帮助。笔者请同学们结合"生命的思考"这一单元的学习内容,给这位迷茫的同学回复一封信,信中需要包含这几个方面的信息:(1)个体生命的短暂和珍贵;(2)生命需要身体和精神的养料;(3)生命需要意义和绽放。师生经过共同讨论,以班集体名义写了一封回信,交到我校的心理咨询室,由心理老师交到那位迷茫人的手中。经过这样的活动,同学们升华了对本单元内容的认识,也学习了如何运用所学知识应对生活中的迷惘和烦恼。

笔者用第三个问题"怎样的一生是值得过的"来引出第十课"绽放生命之花"

的学习活动,以绘制"我的人生轨迹图"作为课堂主要学习内容。学生回忆在自己的生命历程中,曾经发生过哪些重要的事情,在学习单中绘制的河流相应位置上点出时间点,画一朵浪花出来,在浪花里说明当时发生的事情和当时的心情,并用几个词表示这件事情对自己成长的意义。同学们分享自己独特的生命历程,并且思考生命的价值所在。

最后,为了有效地整合第四单元,笔者以"我们如何书写自己的人生答卷"来联结并升华这一单元的三课内容。主要教学资源是一组名为"背着十字架前行"的漫画,笔者根据漫画主旨设置了有梯度、有层次的问题,以供学生小组讨论。(1)漫画中的十字架代表什么?(2)漫画中的沟壑代表什么?(3)十字架从负担、障碍变成桥梁告诉我们什么道理? 在思考讨论这一组问题的过程中,师生一起进一步挖掘了挫折对于成长的意义。同学们不再粗浅地从"失败是成功之母""勇于面对困难"的角度来理解挫折,懂得了要把每一次挫折都当成往深处扎根的机会,那些经历过苦难的磨砺并超越苦难的人,就能够真正珍重生命,做生命的强者。

四、通达意义,激发课堂"活"力

开展单元教学设计的探究,需要教师设身处地站在学生的角度去分析教材,思考单元之间的内在逻辑,整合材料、优化情景、设置问题,以此来营造有生命力、有活力的课堂,实现学生思想的革新和精神的成长。

(一) 把握单元整体,"活动"知识框架

传统以课时为中心的课堂,只注重解决对单个知识点或者基本概念的认识。学生在学习完一个单元后,其脑海中的知识往往像一盘散沙,或者说像一颗颗散落的珍珠,不能形成系统化、结构化的认识。

而单元教学就是要避免这种碎片化的知识学习状况,关注知识之间的内在逻辑关系,提炼单元学习主题,并且以问题的形式呈现,形成单元核心问题,以单元核心问题贯穿整个单元的教学,构成一个层层递进又螺旋上升的问题链。

(二)创设生活情境,"活跃"课堂对话

在当今信息社会,学生通过各种智能设备和媒体便可轻松获得大量信息,而且形式丰富有趣,创意层出不穷。课堂上教师枯燥地讲大道理的形式,不仅无法达到课程的教学目标,还消退了学生的学习兴趣。在道德与法治课堂中,教师要学会讲故事。故事的本质就是一种情境,是对听众或读者有吸引力的情境。

在道德与法治课堂教学中,情境的创设是一个重要的内容,师生之间、生生之间的对话交流都基于一定的教学情境。部编版初中《道德与法治》教材也更加注重联系学生个体的生活经验,把学生个体的生活经验作为道德学习的起点,让学生回忆、再现生活经历中的感受和想法,鼓励其分享自己的认识和观点,进而促进师生生活经历、道德认识的充分交流,启发学生的情智。

(三)关注动态生成,"整活"教学资源

单元理念下的课堂教学,不仅是一个重建和整合的课堂,也是一个动态和生成的课堂。在课堂教学中,学生的很多看似突发的问题和质疑,都是他们内心真实的观念和想法,我们不能置之不理,否则就脱离了立德树人的教育目标,也错失了与他们真实沟通的契机。

学生呈现的多种状态都可能是有效的生成资源,例如一个非教师预设的回答、一个具有积极意义的质疑,或者一个开放问题下的观点交锋,这些生成是深入探讨学习主题、激发学生学习兴趣的宝贵资源,也有助于营造一个有生命力和思辨性的课堂,使道德与法治课堂焕发活力和精彩!

（四）引发深度学习，"激活"课堂教学

深度教学理念下的课堂教学更加重视发掘知识内涵，注重思维的过程，凸显意义的生成，以促进学生成长为目标和方向，培养学生的综合素养。这就要求教师摒弃固定的教学模式，引导学生超越知识的表层，深入知识的里层，既经历知识形成的过程，又汲取促进成长的知识养分。

单元教学视域下的学习活动设计，需要教师聚焦单元目标，以学生的经验为出发点，以学生的生活为落脚点。在教材和实际生活之间搭建桥梁，有效地整合单元各要素的功能，激发课堂教学的活力。

课堂教学的生命力表现在师生共同探究、共同建构的过程中，单元教学设计需要教师以生为本，设计学习"活"动，从单元视角出发联结生"活"情境，注重课堂动态生成，整"活"教学资源，最后通达意义，使课堂焕发新"活"力。在单元的理念和框架下，促成知识的整合，不仅使道德与法治课堂焕发新的生命活力，而且使学生在答疑释惑的过程中，获得思想的更新和精神的成长。

参考文献

[1] 杨颖.初中道德与法治单元教学设计实践研究[J].思想政治课研究,2020(4)：
152—156.

[2] 王洪伟.基于学生核心素养的单元学习活动设计[J].现代基础教育研究,2016(2)：
86—90.

[3] 吴志明.递进式问题链的教学设计与应用[J].物理教师,2015(1)：33—36.

周悦　上海市华东师范大学第二附属中学附属初级中学道德与法治教师
教龄 6 年

2.

身体哲学视域下的儿童数学学力生长

马克思认为,活力是一种生命自由的规定,"人把自己本身当作现有的、活生生的类来对待,当作普遍的因而也是自由的存在物来对待"。生命的本源在于"身体",活力的附着亦在"身体"。然而,随着"现代性疾病"的日益加重,远程技术取代了身体的接触进而产生了游离。于教育而言,便是传统的说教取代了身体的经验,只将身体当成了一个承接知识的躯壳,却忽略了意义。"学力生长"就是除将身体确立为自然的实体之外,更将其设为一个文化的概念,儿童通过数学学习建构知识及意义,在学力提升中实现身体的超生物性及社会性。正如现代哲学所认为的,身体的意象弥漫在意义的结构之中,可以通过一种文化在建构其主体的含义和位置中来实现。[1]

一、"身体"序进,让学力在"结构"中生长

"序进",《现代汉语词典》的释义为:依次前进;按规定的等级次第升迁。诚然,教材的编写是有"序"的,这个"序"是按照知识的逻辑发生、发展推进的;学生的学习亦是有"序"的,这是学生的身心发育、认知发展的序。维果茨基认为,学科独特的教学内容对儿童的发展有着独特的具体的关系,这种关系在儿童从一个阶梯迈向另一个阶梯的过程中发生变化。[2]这是儿童的"身体"与世界勾连的过程,而其中的共振点便是"最近发展区",过早或者过晚都不会对其心理机能的发展产生促进作用。因此,"学力生长"的数学学习就是要适应儿童发展的"序",关注其已有的内在结构,并基于此提升其学力水平。

例如,苏教版《数学》四年级上册"含有小括号三步混合计算",由于是"整数四则混合运算"单元的第二课时,教材内容比较简单,只是单纯地出示一道计算题:$300-(120+25\times4)$,接着通过卡通的"辣椒""蘑菇"拟人化地出示几句提示语,最后便让学生尝试解答。很明显,这样的教材编写顺应了知识的"序",因为上一课已经学习了不含小括号的三步混合计算,学生对于基本的递等式计算已有了一定的理解,但是这样的"序"未必顺应了学生的心理机能发展水平,反而矮化了其现有的发展水平。

对此,笔者不再将计算教学当作对计算进行简单重复的操练,而是借助了心理学家海思(Hayes)的问题解决模型。海思认为,问题解决有固定顺序:①识别问题;②问题表征;③制定解决计划;④执行计划;⑤计划的评价;⑥解决方法的评价。于是,笔者在充分把握学生已有认知结构水平后对教材进行再开发。首先以问题解决的模式启发学生:在计算题"$900\div10+20\times4$"中,如何让加法先算?接着再提问:小括号加在哪里也能改变运算顺序?这样,这道算式变成三道算式:

$900 \div (10+20) \times 4; 900 \div (10+20 \times 4); (900 \div 10+20) \times 4$。通过对任务的解决,学生在调动已有知识经验(前结构)的同时,加深了对小括号价值的认识。随即笔者让学生尝试解决自己提出的三道算式,然后校对发现解答三道题的方法,同时相互评价对方的解题方法。这样通过海思的问题解决六步骤,不再将计算当作机械枯燥的重复操练,弥补了学生学习的"序"环节上的裂痕,在计算中蕴含评价,发展了学生的高阶思维力,由此形成了一个崭新的适应学生"身体"发展的新结构,让学生的学力从基础学力逐步转向创造性学力,使其"身体"机能在共振中得到和谐发展。

二、"身体"在场,让学力在"构型"中生长

格式塔心理学认为,人的心智所感知到的事物不是各种孤立的要素,而是构型,或是有序的范型。[3]诚然,孩子的心智并不是一张白纸,在以往的学习中已经形成了一定的痕迹。"身体"在场,就是让学生的数学学习回归学习本身,将"身体"置于学习场域,跟随知识而延展,最终形成一张丰富的知识结构网络图,在这张图上有自己的经验、认知、情绪、价值系统,从而实现综合学力的提升。如柏格森所言,充满世界的物质和生命,也同样存在于我们的身上;加工万物的力量,也同样可以在我们的身上感觉到,无论存在的和正在形成的东西是什么样的内在本质,我们都是这些东西构成的。那就让我们深入到我们自己的内部去吧![4]

例如,《数学》六年级下册"总复习"这个单元是对小学数学学习的整体回顾,对于一个学生而言,小学六年的数学学习是启蒙教育,推动学生对数学的认知经历从无到有的过程,是使其正式跨入数学大门的关键阶段。瑞士的心理学家皮亚杰、美国的布鲁纳和奥苏贝尔都强调认知结构的重要性,他们一致认为,学习含有使新材料或新经验结为一体这样一个内部的知识组织机构,即认知结构。然而,

总复习的知识并不是新知识。为了进一步提升学力及学习品质,笔者与全班学生一起用一个多月的时间,完成了小学整整六年数学知识的思维导图。有的学生用简单的线条构型,将知识点串联;有的学生利用某些相联系的实物构型,以表示内在关联;有的学生则利用跨领域的事物构型,例如借太阳系"九大行星"对"混合运算"进行构型。除了构型之外,笔者还让学生汇报构型背后的思考,对比构型的优劣,在对比中实现思维的优化与提升。

学习性评价理论认为,学习本身就是无序的,在现实生活中,学习并不一定发生在设定的时间、设定的地点或某个学科中,同时学生的兴趣也经常会把他们带向不同的方向。[5]同样的学习,产生了不同的"构型",这是学生"身体"与世界悄然发生化学反应后的结果。他们在已有的数学经验之上重塑,用构型解开认知的"黑盒",使学力在构型中慢慢流淌出来,逐步得到表征并变得清晰,由此产生全面、深刻的嬗变,最终如"老树开新花"般地释放出个体生命的活力。

三、"身体"反身,让学力在"建构"中生长

建构主义认为,数理逻辑经验绝不是由纯粹的抽象推演获得的,也不是由因果结构派生出来的,而是通过一系列的"反身抽象"和连续更新的自我调节建构而成,这是一种"身体验证"。换句话说,要使学生的数学学习实现"反身",就必须使其在具体的知识情境中进行体验,从体验中形成经验,进而建构自己的数学学习,对数学形成本质性的理解,最终使学力获得动态发展。

例如,《数学》六年级上册"解决问题的策略——假设法"中有这样一道题:小明把720毫升的果汁倒入6个小杯和1个大杯,正好都倒满。小杯的容量是大杯的$\frac{1}{3}$。小杯和大杯的容量各是多少毫升? 在本节课上,学生可以用多种方法解决

问题,主要是"大杯假设成小杯""小杯假设成大杯"两条思路,再由这两条思路形成算术法和方程法各一种,这样就形成了四种常规方法。但是,学生一直是割裂地学习,或者说绝大部分学生觉得方程和算术是两个世界的方法,无法得到和谐统一。于是笔者将低年级段的和倍问题向假设法迁移,在学生经历探索及解决问题的过程,并能将和倍问题与方程合并说理后,笔者随即出示了整合后的四种方法(见图1)。

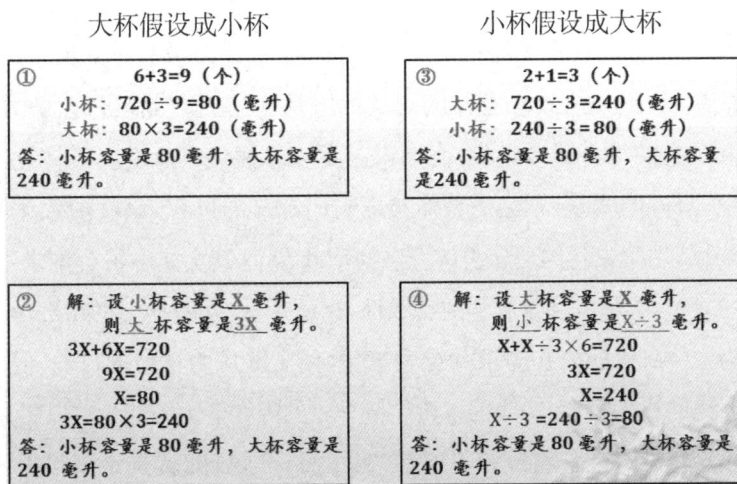

大杯假设成小杯

① 6+3=9(个)
小杯:720÷9=80(毫升)
大杯:80×3=240(毫升)
答:小杯容量是80毫升,大杯容量是240毫升。

② 解:设小杯容量是X毫升,则大杯容量是3X毫升。
3X+6X=720
9X=720
X=80
3X=80×3=240
答:小杯容量是80毫升,大杯容量是240毫升。

小杯假设成大杯

③ 2+1=3(个)
大杯:720÷3=240(毫升)
小杯:240÷3=80(毫升)
答:小杯容量是80毫升,大杯容量是240毫升。

④ 解:设大杯容量是X毫升,则小杯容量是X÷3毫升。
X+X÷3×6=720
3X=720
X=240
X÷3=240÷3=80
答:小杯容量是80毫升,大杯容量是240毫升。

图1 例题四种方法

让学生对比①、②两种方法,③、④两种办法,再对比②、④两种方程,通过多次整体比较后,学生恍然大悟,无论是方程法还是算术法,其内在是相通的,都是把不同量假设成一个量的过程,由此实现了对方法的本质理解。

《义务教育数学课程标准(2011年版)》提出,教师应揭示知识的数学本质及其体现的数学思想,帮助学生理清相关知识之间的区别和联系。这就需要让学生在不断体验中建构数学学习,将"存储"客观知识的身体转换成建构主体经验的能动型身体，在看似割裂的方法中自由穿行，最终在割裂中找到一致，形成对知识的整体觉悟。正如莫里斯·梅洛-庞蒂所认为的，人之认知也不是认识主体在综合而是身体在综合，是身体固有的认知能力或知觉图式在感觉间的世界中对身体姿态的整体觉悟。[6]

四、"身体"结合，让学力在"重构"中生长

身体（英文 body）在拉丁语中引申为"具体化"，它是指通过某种事物（常是一个抽象的概念）获得身体或者身体的形式的方法。"结合"是具体化的方法，即是人对事物和观念的综合或者吸收，而知识需要依靠抽象概念变得具体化。也就是说，知识缺少身体的实践，不经历身体验证它们意义的过程，只靠抽象化的符号去推演生活场域，用假象化的理念去认识事物及世界，这其实是学习舍本求末的表现。对此，学生的数学学习应注重数学的实践性，让学生从"学数学"到"做数学"，从而满足身体作为主体身份的内在需求和探索欲望，使实践成为学习的目的，促发学习者不断达成完满的状态。[7]在实践的重构中使学生的内在活力与能量得以彰显。

2010 年至今，笔者一直致力于推行"数学日记"，目的就是希望将书本中的数学和生活中的数学进行平衡和统一，做到"知行合一"。例如，有的学生学完"步长"后开始测量家到学校的路程，在测量后终于深深理解了为什么数学中用"步长"解决实际问题时要用"大约"，感受到了数学的严谨性；有的学生在学习完长方体的容积后去测量家里洗碗水槽的容积，却发现水槽的四个角其实是弧形，很难精确地求出水槽的容积，生活远比数学题复杂，转而思考为什么水槽的四个角是弧形而不是直角，使思考不断深化；有的学生则把解决数学题的一些巧妙的办法写成心得，供大家学习……2010 年至今，大量的学生数学日记见于《小学生数学报》《时代学习报》《学苑新报》等报纸，学生的文字走出了江苏省，走向了全国各

地。数学日记的撰写,打开了教室的大门,将学生置于更广阔的空间,重构了以往习以为常的数学学习生态圈。在生活这门大课中,以以"用"代"练"的形式巧妙地突破了学习的难点,让学生更深刻地理解所学的知识,更填补了"练"的空白,从"笔尖"的练习走向生活场域的练习,使知识学习更具综合性。在践行中,学生皆能清晰地把握数学思维游走的足迹,反思自己的所学所得,收获着数学学习带来的丝丝缕缕的惊喜,使学力在实践中变得深厚,也使数学学习更加生动且又充满了生机。

学生的学习是"亲身亲为"的身体学习。学力生长的数学将儿童的数学学习作为一种脑、眼、手、足及整个躯体的综合性实践,使"身体"学习贯穿于学习始终。在探究、体验、活动、创造中建构独具个性的"身体图式",旨在培育基础学力、发展性学力、创造性学力"三力"合一的学生个体,进而使学生激活学习潜能,激发生命活力,最终内化知识,提升学力,涵育人格。

参考文献

[1] [3] 丹尼·卡瓦拉罗. 文化理论关键词[M]. 张卫东,张生,赵顺宏,译. 南京:江苏人民出版社,2006:54,95.

[2] 维果茨基. 维果茨基教育论著选[M]. 北京:人民教育出版社,2005:13.

[4] 冯合国. 现代教育中的"身体"关怀——基于梅洛-庞蒂身体现象学的视角[J]. 现代大学教育,2015(6):7—12.

[5] 伊恩·史密斯. 学习性评价行动建议 200 条(中学版)[M]. 剑桥教育(中国),译. 北京:教育科学出版社,2016:19.

[6] 莫里斯·梅洛-庞蒂. 眼与心[M]. 杨大春,译. 北京:商务印书馆,2007:82.

[7] 董林伟. 走向学科育人:"做数学"的时代建构与实践创新[J]. 教育发展研究,2021(8):7—17.

徐建林　江苏省苏州市吴江区教育科学研究室副主任　教龄 18 年

3. 让古老的诗行绽放生命活力

引言：

> 学习《诗经·关雎》时，学生兴味盎然地告诉我："老师，'窈窕淑女，君子
> 好逑'太老套啦，你知道现代版的《关雎》是怎样的吗？"
> 原来，现代改编版是这样的：
> "关关雎鸠，在河之洲，窈窕淑女，要个 QQ……"

"不学诗，无以言。"

《诗经》是华夏文化的起源，其独特的美学内涵、丰富的人文价值，以及对现实
生活的积极关注和对生命内在力量的唤醒，决定了它在语文教学中的重要意义。
但是，穿越三千多年的历史迷烟，当"零零后"凝眸于这些古老的文字时，往往会感
到隔阂、惶惑，甚至有些冷漠。如何让经典的诗行在这个全新的时代焕发青春，让

其在少年心中镌刻下生动的印迹?

纵观统编语文教材,初中阶段一共收录《诗经》作品四首,均在八年级下册第三单元。《关雎》和《蒹葭》被编在第 12 课,《式微》和《子衿》被编在"课外古诗词诵读"部分。结合单元教学目标和课后思考练习,贴合当下青少年身心发展特点,将传统的、文化的、审美的经典阅读融合时代的、多元的、充满生趣的探索,使"人"的成长与"诗"的学习融于一体,只有这样,古老的诗行才能绽放青春的活力。

一、"文"与"道"相融,"爱"的活力在"思考"中清晰

教材所选的《诗经》作品,《关雎》《蒹葭》《子衿》三篇均与"思恋"和"爱"有关。《诗序》写道:"所以风天下而正夫妇也。"在《诗经》的学习中探秘古人的婚恋观,并与现实生活相融通,这样学生对"爱"的理解会更深刻,《诗经》的现实价值更得以彰显。

(一) 感受:"君子好逑"的契约与"要个QQ"的随性

学习《关雎》,结合与学生课前的交流,笔者设计问题,引导学生进行比较思考:

"君子好逑"和"要个QQ"有何差异?

有趣的问题激发了学生探索的愿望,揣摩不同时代、不同文字下的不同心理。"君子好逑"是希望女子成为男子的配偶,这种恋爱关系是为婚姻关系作准备,男子对女子的追求是以婚姻契约为目的,恋爱之始就将家庭责任承担于肩。但是,"要个QQ"的目的并不一定是要娶她为妻,可能只是谈场恋爱,相对来说随意得

多,也"自由"得多。

对比"君子好逑"与"要个 QQ",不只是文字和意蕴的差别,更是恋爱观的差异,是对恋爱婚姻责任的不同表达。在这场比较与讨论中,"执子之手,与子偕老"的朴素恋爱观,悄悄浸润着学生的心灵,成为孩子们恋爱观的精神底座,或许,也成为其未来稳固家庭的基础。

(二) 感动:"君子"贤德与"窈窕淑女"的映衬

"窈窕淑女,君子好逑",这一句发自内心的告白感动了无数人。"淑女"和"君子"究竟是怎样的形象? 我们的课堂讨论又聚焦到这样两个问题上。

师:"窈窕淑女"究竟是怎样的女子? 诗人为何用"君子"而不用"男子"?

生1:"窈",深邃,比喻女子心灵美;"窕",幽美,比喻女子仪表美;"淑",善良美好。男子所向往的女子,内外兼修,心灵仪表美好出尘。

生2:"参差荇菜,左右流之",那"窈窕淑女"坐在小船上,顺水前行,伸出纤纤素手,择取水中的荇菜。水影、船行,那女子纤细的背影,那绿色光谱下的淡淡一痕,映照出一个和善温良、勤劳能干的女子,不娇揉、不造作,热爱生活,更乐于创造生活。

生3:《关雎》中的"君子",欣赏"淑女",追求"淑女",又尊重"淑女",保持坚贞的情感,充分显示其身为男子的责任感。这样文质彬彬的君子形象,正是道德高尚、品行端正的理想化人格的具体体现。

青春萌动的少年们也许会常常幻想爱情的美好,却很少有过这样的思考: 在爱情和婚姻里,"我们"该是怎样的形象? 在《诗经》的阅读中细细探寻,摒弃"白富美""高富帅"的肤浅理解,做"君子",择"淑女"。这样的阅读思考,唤起了青少年对美好形象的追寻,使"淑女""君子"的生命活力得到延展、复活。

(三) 感发:"寤寐思服"的执着与"琴瑟友之"的高雅

《关雎》里最打动人的似乎是"爱情",但再三玩味,却好像不止于此。于是,笔者和学生展开了深入的讨论。

> 师:《关雎》里最打动你的是什么?
>
> 生4:动情处在于"寤寐求之"的坚定执着,在于"寤寐思服"的痛苦坚守。君子对情感的忠贞和坚持是最打动人的。
>
> 生5:最打动人的在于君子的行动,"琴瑟友之""钟鼓乐之",以琴传心,以乐达意,在艺术的世界里表达自己的心声,用独特的行动表达自己的高雅情操,展示自己的才华与修养。
>
> 生6:最动人之处在于君子始终拥有不竭的勇气,尽管追寻之路坎坷且曲折,既有"求之不得"的悲哀,也有"辗转反侧"的愁肠百结,但没有改变他的心意。君子在"辗转反侧"之后,将绵密的思恋演化成具体的行动,超越了"恋爱"的范畴,展示出君子寻求理想的浪漫与诗意。

从粗浅的认识开始,我们一点点讨论、一层层深入,柳暗花明,风景弥胜。八年级学生正处于青春期,对异性朦胧的好感,对爱情纯真的向往,正潜伏于内心深处。学习《诗经》中关于"爱"的诗篇,学生或羞涩,或激动,眼中难掩三分向往、一丝探寻。"风以动之,教以化之",学生在讨论、探究、诵读中感受《诗经》微妙幽深的气韵,懂得"爱"的内涵,理解和传承东方传统的爱情观,感受民族文化的浪漫与质朴。古老的文字超越了时代和历史,显示出独特的现实活力。

二、"学"与"思"相融,"人"的活力在"比较"中显现

作为中华民族文化的源头,《诗经》内涵丰富,题材多样,包含了社会生活、伦理道德、风土礼仪、天文历法等各方面内容,记载并弘扬了我国古代敦亲睦友、重德崇善的高尚情怀。阅读和揣摩《诗经》,获取不尽的文化涵养,能不断增加"人"的厚度,提升"人"的高度,激发"人"的生命活力。

(一) 横向比较: 窥探不同文本的不同意蕴

统编语文教材收录的四首作品,主旨和意蕴各不相同,基于此,笔者设计不同的课堂问题,引导学生比较和思考。在整体阅读的基础上,笔者激发学生思考,并展开主题探究。

综合这四个选篇,你感受到古代劳动人民怎样的思想?

《式微》和其他三个选篇在表达内容上有何不同?

《关雎》《蒹葭》《子衿》看似都与"爱情"相关,但又有不同,它们的区别在哪里?

同样是表达爱情主题,《蒹葭》和《子衿》的风格完全不同,它们分别出自《秦风》和《郑风》,请由此推测当时"秦""郑"两地的民风特点。

除了课本中的四首,你知道《诗经》还涉及哪些题材和内容?

在这样的比较阅读、问题引领中,学生能跳出课本看《诗经》,对它有整体、全面的关注,了解《诗经》的基本构成和特点。

一是感受古代劳动人民对生活的热爱。如果没有这样的横向比较与拓展,学

生在读了课本中的《关雎》等篇后很有可能会片面地认为，《诗经》大旨是表达爱情的，但经过整体阅读，学生会了解，《诗经》中不仅有对美好爱情的向往和追求，更有对劳动生活的赞美，对乡野国土的热爱，对战争徭役的控诉，《风》《雅》《颂》里凝聚了劳动人民生活的全部智慧与热情。

二是了解"爱情"的不同表达。同样表达"爱情"主题，《关雎》描述男女相爱时的和谐欢乐、失恋时的痛苦忧伤，赞扬主人公对爱情的忠贞和勇敢追求；《蒹葭》主要表现求而不得的怅惘心境以及始终如一的执着坚定；而《子衿》则表现苦恋等待的万分焦灼以及爱情中甜蜜的抱怨。"情"之万象，在《诗经》中有精彩的呈现，迷幻、丰富而动人。

三是形成对古代地域文化的初步印象。中国的传统文化就是通过各种地域文化圈之间的交流、融合、变异而逐渐产生发展起来的。《诗经》，尤其是十五国风，是当时各地乐歌的专辑。考察不同地区文化的起源、传承、演变和表现形式，是文化传承的一种重要方式。教学中，通过比较《蒹葭》和《子衿》——一则委婉缠绵，一则热情奔放，学生能充分感受到《秦风》与《郑风》的文化差别，初步了解国风中的"陈郑之国""郑卫之音""秦豳两国""唐魏之国"，体味鲜明的地域文化特色，在本土文化的濡染下创造属于自己的生活样式，这对于文明的传承、文化的养成具有深远意义。

（二）纵向深入：探究同一文本的内涵价值

初中学生正处于世界观、人生观形成的关键时期。在阅读《诗经》的过程中进行纵向的深入探究，有助于学生价值观的确立，对其终身发展具有重要作用。

如阅读《蒹葭》时，在朗读、理解、品味的基础上，笔者设计了这样一个问题引发学生探究：

"所谓伊人,在水一方",求而不得,也许不仅仅是爱情的哀叹,还是人生的隐喻。你能思考一下,说说你的感悟吗?

在这样的问题引领下,学生从"爱情"的窠臼中跳脱出来,思考人生的本相。于是,课堂上有了关于生命意义的智慧追问。在讨论中,学生发现,《蒹葭》"最得风人情致",不仅在于言辞妙曼,更在于它道出了人生的真实。"伊人"不仅仅是美人,更是人生之"梦"。"可望而不可即"是一种痛苦,却恰恰是人生常有的状况,生命常常在困境和幻境中徘徊挣扎;追寻之路坎坷迂回,理想如海市蜃楼般缥缈而朦胧,追寻的结果也往往不尽如人意,但生命的意义恰恰在于追寻的过程……

问题探究的过程,也是学生思维锻造的过程,更是他们精神成长的过程。新时代的初中学生,视野开阔,思维发散,善于创造,但可能缺少抵抗生活风雨的心理能量。对于《诗经》的深度探讨,能帮助他们直面未来生活中可能出现的挫折与失落,增强他们的心理抵抗力,给予其积极的价值引领。佐藤学在《教师花传书》中写道,要"通过反刍活动,推动学生之间的串联性的学习"。横向的跨越整合,纵向的意蕴探究,与多元文本的交流互动,让学生不断超越《诗经》,抵达思想的深处,触发生命的活力。

三、"言"与"意"相融,"美"的活力在"吟诵"中唤醒

《诗经》是美的存在,字斟句酌的语言,妙笔生花的文采,别具匠心的章法,这种美,如"羚羊挂角,无迹可求",言有尽而意无穷。阅读《诗经》作品,感受文辞之精美、音韵之和谐、语言之质朴,是一段愉悦的审美之旅。

(一) 朗诵：在声音的婉转中感受美

学习《诗经》，朗读是最好的方法。在理解作品、听名家朗诵的基础上，笔者引导学生朗诵：

> 《诗经》中的诗多是四字一句，两字一顿，各章还常常重复咏唱。你能朗诵作品，感受节奏和韵律，并读出各章在情感表达上的细微差别吗？

分组朗读、同桌合作朗读、独立朗读，课堂上的琅琅读书声，让学生沉浸在美妙的音韵世界里，品味各章的细微差别，体察情感表达的幽深曲折，《诗经》的思想、风格、情味也在潜移默化中深深融入他们的内心。

(二) 翻译：在现实的对比中鉴赏美

教材《关雎》一课"积累拓展"部分有这样一道题：

> 下面是对《关雎》第一章的一种翻译，你喜欢吗？为什么？另选一章，试着翻译成白话诗。

古文、今文的对照，让学生从时空的交错里感受语言不同形式的美。为了提升学生对语言美的鉴赏力，笔者又找到了几种不同形式的现代文翻译，让学生一起朗读、比较、鉴赏。

> 译文一：雎鸠鸟关关合唱，在河心小小洲上。好姑娘苗苗条条，哥儿想和她成双。
>
> 译文二：雎鸠关关相对唱，双栖黄河小岛上。文静秀丽好姑娘，真是我的

好对象。

在古文、今文的对照中,学生进一步感受《诗经》原文的婉约美、朦胧美、神秘美,对《诗经》委婉含蓄的表达方式尤为赞叹,那扑朔迷离的气息、情景交融的意境,都深深萦绕于怀。而在现代译文的对照中,学生感受韵律、用词对语言美的表现的影响,对语言的感受力得到提升。最后的自主翻译活动更是精彩纷呈,一方面,学生学以致用,将韵律、节奏、用词斟酌到极致;另一方面,学生充满创意,让《诗经》的现代翻译带上了"零零后"的独特风味,使古诗展现出时代的活力。

(三) 仿写: 在趣味的体验中创造美

学习《诗经》之后,学生对诗经"赋""比""兴"的表现手法有了初步的了解,对《诗经》四言表达的特点有了真切的感受。于是,笔者让学生仿照《诗经》的语言形式,重章叠句,一唱三叹,描写生活。这样的仿写活动极具挑战性,激发了学生的创作欲,其对语言的品嚼、运用也有意识地遵循着"美"的原则。

朱杰人先生说:"《诗经》从开始就是作为经学而不是文学被人们认识和研究的。"《诗经》具有鲜明的价值导向,学习《诗经》的过程,是养人、育人、正人的过程。《诗经》更蕴藏着丰厚的文学艺术价值,其"乐而不淫,哀而不伤"的特点、雅致而有节制的表达,让《诗经》的学习成为一个美的濡染过程。

用传统的教学方法,单纯地释义、赏析、背诵远远不能阐发《诗经》的艺术活力和文化魅力。融通的《诗经》教学,需要打破一句、一章、一篇的局限,将单篇的学习置于统编教材的整体架构中,置于历史和现实的鲜明对照中,置于文学和文化的民族传承中,使"文"与"道"相融,"学"与"思"相伴,"言"与"意"相合,通达学生的智慧成长、情感生发、生命成熟。如此,古老的诗篇更能焕发青春的活力,语文课堂更能展现教学的活力,学生更能获得生命的活力!

参考文献

[1] 蒋元见,朱杰人.诗经要籍解题[M].上海:上海古籍出版化,1996.

[2] 佐藤学.教师花传书[M].陈静静,译.上海:华东师范大学出版社,2009.

[3]《诗经·国风》的地域文化格局[EB/OL]. http://www. ruiwen. com/wenxue/shijing/291820. html.

胡春美　江苏省启东折桂中学语文教师　教龄 21 年

4. "关键环节教学单"助推活力课堂

　　青年教师是学校师资队伍的重要组成部分,是学校长足发展的有生力量。青年教师的教学活力是学校教学质量的命脉,而课堂活力又是教学活力的根本保障。

　　我校以教学案为抓手,采取问卷调查方法,了解青年教师的教学现状,调查结果见图1。数据显示,青年教师在备课及教学案使用过程中呈现"三缺"问题:缺乏自身实践经验及专业素养能力;缺乏对课堂教学的整体架构及统筹能力;缺乏对学生学习现状的互动引导及启发能力。

　　我校还定期开展青年教师课堂教学质量评估活动,评估结果见表1。数据显示,青年教师课堂教学中大多存在"三重""三轻"现象,即:看重教学流程推进,轻视学情分析,缺乏目标意识;看重名师课例模仿,轻视课堂个性发展,缺乏教学活力;看重完整答案的呈现与摘录,轻视重点问题的解决过程,缺乏学法指导。

(%)

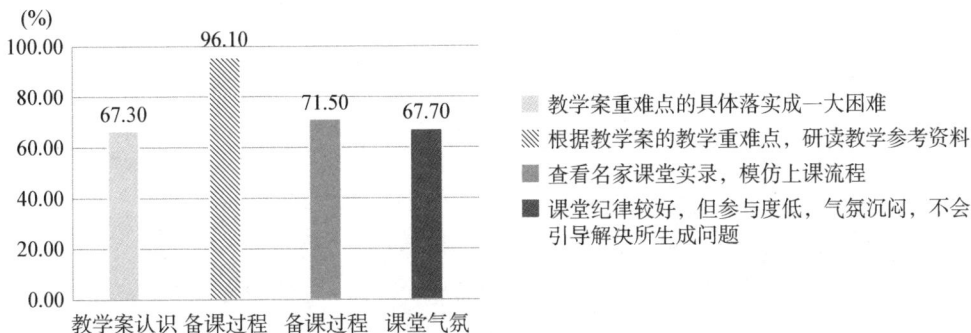

■ 教学案重难点的具体落实成一大困难
▨ 根据教学案的教学重难点，研读教学参考资料
■ 查看名家课堂实录，模仿上课流程
■ 课堂纪律较好，但参与度低，气氛沉闷，不会引导解决所生成问题

图 1　教学案使用主要问题分析

表 1　课堂教学质量评估主要问题分析

学年　　　人数比例　　　问题	重流程	重模仿	重结果
2018—2019	81.20％	72.73％	90.91％
2019—2020	87.50％	83.33％	87.50％
2020—2021	86.36％	81.82％	95.45％

一、"关键环节教学单"的内涵解读

"解决教育活力问题根本路径在于从学生出发，从教师出发，从学校出发。"[1] 可见，解决课堂活力问题的根本要求在于求真务真。根据当前教学现状，我校以"真"为导向，以"关键环节教学单"为载体，研制了《青年教师磨课手册》，通过调动师生课堂教学活力、优化教师教学环节、提高课堂教学效率等多线并进的形式开启探"真"之路，助推青年教师活力课堂的开展。《青年教师磨课手册》如图 2 所示：

```
                                                              ┌ 关键流程
                                         ┌ 关键教学环节 ┤ 关键环节
                                         │               │ 环节重点
                                         │               └ 环节难点
                          ┌ 初级稿 ┤                     ┌ 课堂实录预设步骤一
                          │         │ 详细教学过程 ┤ 课堂实录预设步骤二
                          │         │               │ 课堂实录预设步骤三
                          │         │               └ ……
                          │         └ 问课记录
                          │                           ┌ 关键流程
                          │          ┌ 关键教学环节 ┤ 关键环节
                          │          │               │ 环节重点
                          │          │               └ 环节难点
                          ┤ 修改稿 ┤                  ┌ 课堂实录预设步骤一
《青年教师  典型课例式 ┤         │ 详细教学过程 ┤ 课堂实录预设步骤二
 磨课手册》  研究课     │         │               │ 课堂实录预设步骤三
                          │         └               └ ……
                          │                   ┌ 教师活动
                          │          听课表 ┤ 学生活动
                          │                   │ 点评或设想
                          │                   └ 听后感想
                          │                           ┌ 关键流程
                          │          ┌ 关键教学环节 ┤ 关键环节
                          │          │               │ 环节重点
                          │          │               └ 环节难点
                          └ 修定稿 ┤                  ┌ 课堂实录预设步骤一
                                    │ 详细教学过程 ┤ 课堂实录预设步骤二
                                    │               │ 课堂实录预设步骤三
                                    │               └ ……
                                    └ 教后反思
```

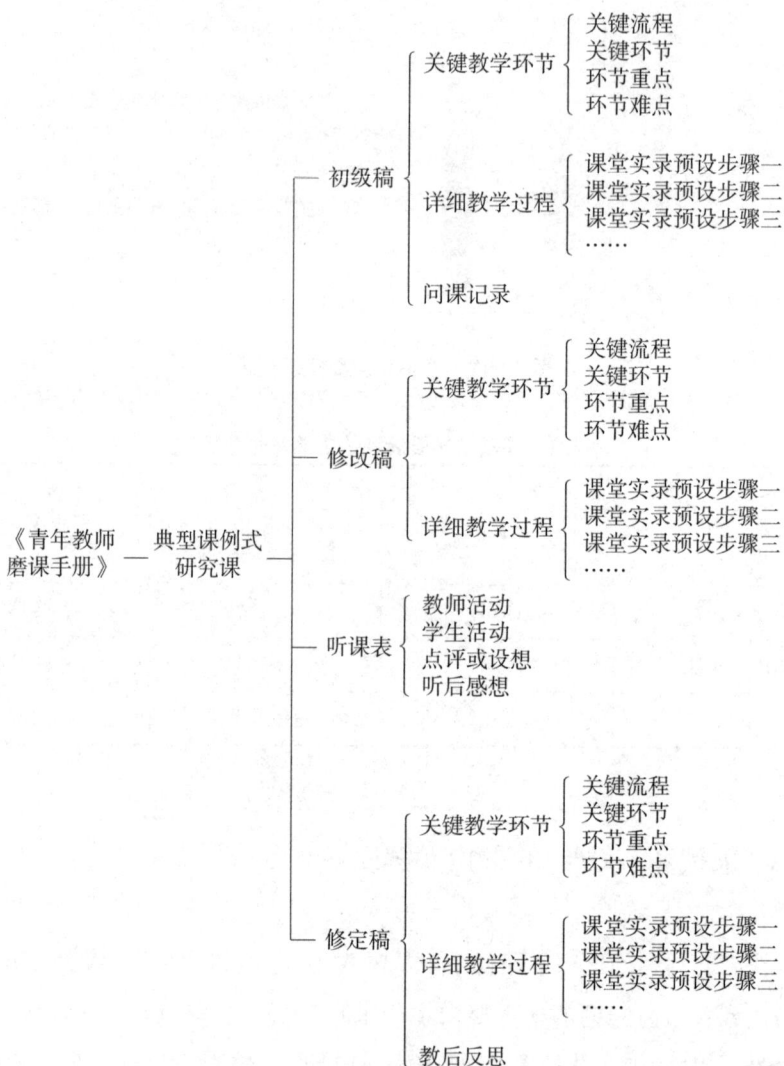

图 2 《青年教师磨课手册》

　　"关键环节教学单"是以"真"教学为核心目的,引导教师结合自身教学风格及具体教学情境,通过逐层分解教学重难点的难度,明确重难点突破思路,给予青年教师备课指导,以求焕发教师教学新活力、促发学生学习新动力的一种操作性教学单。

　　关键环节教学单的基本内容主要包括:明确关键教学环节、设计详细教学过程、提出相应教学疑难、总结具体教学问题、阐发对应观课感想、解释说明各环节设计意图。

二、"关键环节教学单"的核心价值

(一) 分解式教学,学习动机"真"激发

　　"关键环节教学单"实施分解式教学。所谓分解式教学,是在着眼一节课关键环节的基础上将该环节的重难点细化、分解成3—5个教学步骤,通过逐层降低教学难度来由浅入深地指导学生学习,增强学生学习自信,调动学生学习兴趣,从而有效激发学生学习动机的一种教学模式。

　　以部编版《语文》教材八年级下册《桃花源记》为例,教师将环节重难点设定为"品桃源之美,探写作意图"。为了突破教学重难点,调动学生学习积极性,教师将此重难点分解为四个教学步骤:欣赏桃源景色美;品味桃源生活美;体悟桃源人情美;挖掘桃源意蕴美。在步骤搭建、读法指导的过程中,学生自能锁定学习范围,聚焦最富表现力的语段、词句,逐步发现字里行间包含着的桃花源清幽宁静、丰饶富足和热情好客的三重美感。在此基础上,教师再出示官场黑暗、战火纷飞的创作背景,学生自能水到渠成地探索出作者渴望和平、寄托理想的第四重美。在设计过程中,学生的探究层次经历了"自然风光→生活场景→人物形象→作者情怀"四重品悟,教学难度由表及里、层层推进,符合学生认知规律,激发学生学习欲望。

(二) 预设式设计,学法指导"真"落实

"关键环节教学单"在教学设计过程中要求课堂实录式预设。所谓课堂实录式预设,是在充分贯彻备学生、备教材、备课堂三备法理念的基础上,在设计过程中通过师生对话的形式,对学生回答问题时可能出现的障碍和困难进行合理预估,及时增添教师学法指导内容的一种设计要求。

在部编版《语文》教材八年级下册《壶口瀑布》中,教师将环节重难点设定为"品味文章极具感染力的语言,体会壶口瀑布的特点",对此设计三个教学步骤。以步骤一"为 2—4 段设计朗读,读出瀑布恢弘气势之美"为例,教师对学生的朗读设计能力进行预估,制定教学预设方案。预设 1:学生缺乏朗读抓手,教师从重音、语速、语气和情感四方面予以提醒。预设 2:学生缺乏具体感知,教师以范例演示朗读法,通过加快语速、加强语气,传达亲见雨季瀑布时惊惧交加的心情。预设 3:学生缺乏品词能力,教师选取最具表现力度与情感浓度的词语,通过删词缓读或换词重读的方法,让学生对比感受表达效果的变化。通过预设学习支架,学生对朗读设计有法可循,自然能读出字里行间蕴含的美。

(三) 四稿式磨课,关键教学"真"思考

"关键环节教学单"磨课过程以一单四稿的形式呈现。所谓一单四稿,即教师自己创意备课形成初级稿;针对初稿中的困惑,问课解疑形成修改稿;带着问题走进同组教师课堂,发现亮点或问题,收获方法,有针对性地形成听课表;结合教学情,总结反思,形成修定稿。四稿式磨课,推动了师生共同构建关键教学过程的持续性思考。

以部编版《语文》教材八年级下册《社戏》为例,教师研读文本后将课型定为赏读课,以"赏析月夜行船景物描写及其作用"为关键环节,按照三个教学步骤,从感官、用词、修辞及写法角度品读自然美、语言美和情感美。通过问课,教师发现赏

景并非教学终点，应以读写结合的方式提升学生综合素养，在修改稿中转课型为读写课，添加第四个教学步骤"结合写法仿写美景"。走进同组教师课堂，发现学生在仿写过程中未能合理运用写法技巧达到以景传情的效果。于是在四稿中，教师补充仿写范例及仿写评价提示。授课时，学生能积极思考，并借助范例及提示运用所学知识写就合要求的优秀片段。四稿式磨课，既让教师经过深思熟虑掌握了恰当且有深度的课堂教学模式，又激发了学生的思维火花，达到了学以致用的目的。

（四）充分式备课，课堂讲授"真"精巧

"关键环节教学单"要求充分式备课。所谓充分式备课，是以完整教学过程为备课内容，对除关键环节之外的教学环节、教学时间、媒体使用等作细致的统筹安排和规划，以求最大效度地实现课堂精巧讲授的一种备课模式。

以部编版《语文》教材八年级下册《大自然的语言》为例，教师既要重点详备"品味说明文语言的生动性和准确性"这一关键环节，又要从整体上架构导入、整体感知等教学环节，还需合理安排各环节讲授时间，以达到课堂结构完整、重难点突出的目的。激趣导入约 2 分钟，借多媒体展示物候现象的精彩视频，让学生迅速迈进探究学习的情境。整体感知约 10 分钟，教师梳理文章结构时将重点内容分项板书，用箭头符号演示文章由现象到本质的逻辑说明顺序，化抽象知识为直观感知。重难点关键环节探究约 25 分钟。拓展延伸约 8 分钟，教师借多媒体介绍竺可桢在气象及物候学领域的卓越贡献，明确文章准确严谨的语言风格正得益于作者细心钻研的学术人格，拓展了讲解内容的深度。充分式备课，避免了青年教师因驾驭课堂能力不足而旁生枝节的问题，确保了讲授内容的精巧。

（五）课例式选题，研究领域"真"深入

"关键环节教学单"以典型课例式选题为具体切口。所谓课例式选题，即徒弟

在师父指导下,把握、梳理整册书的知识体系,选择8类重难点知识有序开展选题研究。这种研究模式拓深了教师课型研究领域,有助于教师树立研究专题意识和教学类别意识。

以八年级第二学期语文学科中教师们所选的8个课例为例,这些课例包括:现代文不同文体教学(小说《社戏》、说明文《大自然的语言》、演讲稿《应有格物致知精神》等)、文言教学(《核舟记》)、诗词教学(《茅屋为秋风所破歌》)、名著教学(《傅雷家书》选择性阅读)、写作教学("学写故事")、综合性学习教学(《古诗苑漫步》),此8个课例涵盖语文整本书的知识体系。又如七年级第二学期历史学科中的课例容纳了唐、宋、元、明、近现代多个历史阶段,囊括了王朝兴起、制度新立、外交建设、时局分析多种授课内容。"关键环节教学单"的设计并非一课一得,而是以一篇带动一类的教学,这些课题篇目涵盖范围广,研究领域多,切实达到了以点带面、一类一得的目的,助力教师科研发展。

表2 课例式选题举例

语文学科课例式选题	历史学科课例式选题
课题	课题
《社戏》	盛唐气象
《大自然的语言》	辽、西夏与北宋的并立
《核舟记》	对外开放
名著导读《傅雷家书》选择性阅读	宋元时期的都市和文化
《应有格物致知精神》	元朝的统治
综合性学习《古诗苑漫步》	香港澳门回归祖国
《茅屋为秋风所破歌》	明朝的对外关系
写作"学写故事"	独立自主的和平外交

三、"关键环节教学单"的有效推进

(一) 组织培训学习,提高"真"教素养

面向优秀教师的定点培训学习。通过进录播室观摩名家实录,进研讨室主题研讨、理论学习等方式,激发优秀教师专业成长活力,更好地发挥优秀教师在"关键环节教学单"问课部分的指导作用,让青年教师在"关键环节教学单"听课学习部分有"经"可取,从而焕发青年教师教学发展活力。

面向青年教师的个性化培训学习。通过开展专题讲座、备课上课沙龙交流、反思式观课评课等活动,开拓青年教师专业视野,提高教学单备课质量。如在教学单制定伊始,邀请个别教师结合文本示例谈论某一重要环节的细致深入设计,明确教学单在突破重难点方面的优势,丰富青年教师对教学单的认识。

面向师徒的合作式培训学习。通过师徒共同参与课例观摩及教研活动等方式,针对教学问题、教学优势及教学模式展开讨论、互助交流,扩大"关键环节教学单"中的"问课"内涵,使问课常态化、习惯化、切实化。同时在培训过程中提升师徒交流活力,徒弟敢问,师傅愿答,以提高"真"教素养,保障活力课堂可持续开展。

(二) 凝聚骨干力量,发挥"真"教引领

青年教师的"真"教学需要骨干教师的引领及推广,通过凝聚骨干力量,推动活力课堂加速开展。骨干教师在课例示范方面以具体直观的途径给青年教师注入新鲜血液,使青年教师将所得融入自己的备课。如《茅屋为秋风所破歌》一课,骨干教师确定此课为诵读课,通过咀嚼关键词句、想象情境画面、增添感叹词语等别具匠心的朗读设计活动,达到善读、乐读的效果。这一教学环节的亮点,打开了青年教师文言教学的思维火花。

骨干教师在学习目标达成、教学重难点学法指导等方面给予青年教师推进式指导。例如八年级下册"学写故事"关键环节教学单,骨干教师考虑到学生的认知水平,将写好故事所需的粗略要求细化为"运用故事的三要素,即冲突、行动、结果构设故事的趣味性",方向明确,使学生更易达成目标。

骨干教师在课标考纲方面帮助青年教师掌握课标精髓、考纲要领,指引"真"教方向。论证方法及其作用是考察学生阅读水平的重点之一。在《应有格物致知精神》教学单步骤三中,骨干教师引导青年教师帮助学生归纳论证方法及其相应作用,以便让学生具备活用知识的能力。

(三) 统筹教学设计,保证"真"教质量

"关键环节教学单"的设计基于教学案中确立的重难点展开。重难点教学是整个教学设计的核心环节,是目标达成的关键。"关键环节教学单"即以教学案中的教学目标为导向,聚焦重难点突破,把控课堂时效。如《应有格物致知精神》一课,其教学重难点为理清文章论证思路,掌握文章论证方法,如果青年教师将大量时间用在理清"格物致知"的含义上,就会耗时、低效,落实不了课堂目标,更谈不上教学质量。

教学单只是呈现课堂教学中的重要部分,这部分教学内容应精准设计,让学生融会贯通地消化知识。至于其他教学环节设计,教师应基于教学案内容开展个性化设计,做好时间规划及内容安排,使课堂在重难点突出之余,也能保持相对的完整性,从而高效达成教学目标。

此外,青年教师还需关注关键教学环节与其他教学环节间的整体性,既要备流程,也要备流程间的衔接部分,以达到课堂教学结构清晰、环节流畅的效果。对教学设计各环节的统筹安排,保证了青年教师教学流程明确,教学重难点突出,教学目标达成率高,从而提升"真"教质量,促进活力课堂扎实开展。

(四) 重视质量监控,检验"真"教效果

为保障教师认真落实"关键环节教学单",将活力课堂理念贯彻到实际教学活动中,学校围绕活力课堂的内涵分项制定调查问卷,了解"关键环节教学单"的课堂开展情况,主要包括:教师能否给学生留下独立思考时间;课堂问题是否启发后归纳呈现;课堂问题难度是否适中,能调动不同层次学生的学习兴趣等。通过问卷评价教师教学质量,使质量监控有抓手、有途径。

学委会实行每两周一次的监控检查,了解青年教师"关键环节教学单"的落实情况。对于课堂质量低下、未按要求落实"关键环节教学单"的情况,校长室牵头走进备课组座谈、听课,从骨干教师与青年教师两个方面查找问题,提出整改措施。同时,以同课异构的教学形式,留下骨干教师指导、青年教师问课、教学重难点突破等方面的教学过程痕迹,让青年教师进一步掌握"一单四稿"的研讨精髓,监测"真"教成果,保障活力课堂稳步开展。

(五) 加强激励机制,调动"真"教动力

石中英曾说:"只有当学校中的一切制度、关系、资源配置等都在不断增强和实现人的活动的自由自觉时,人的活力才能得到不断提升。"[2]因此,在制度管理的基础上,学校设置了多层激励机制,调动青年教师教学活力,使其具备积极向上、自由进取的活力面貌。

学校组织评比课、展示课、同课异构课等活动,对"关键环节教学单"完成质量优秀的青年教师给予奖励表彰,发挥其模范带头作用,调动"真"教动力,推动活力课堂积极开展。

学校根据教师的不同业务能力及水平,量身定制符合青年教师个性特征的发展规划,以肯定各个层次青年教师的具体进步状况,提升青年教师劳动价值感和职业认同感。

此外,在教学过程中,学校还传递人文关怀,提供相应帮助,解决相应困难,从精神层面给予青年教师职业归属感。

以"关键环节教学单"为载体,对助推青年教师活力课堂有着积极的影响。不仅让青年教师不断反思自己的教学模式,丰富个人专业发展,在实践中生成动态变化,在课堂上唤醒教师动力,释放学生活力,还通过微观促宏观、局部促整体的方式,激发学校办学活力,提升整体教学质量。

参考文献

[1] 石中英.把教育活力摆在更加重要的位置[J].人民教育,2017(10):1.

[2] 石中英.学校活力的内涵和源泉[J].河北师范大学学报(教育科学版),2017(2):5—7.

童云　江苏省镇江实验学校魅力之城分校副校长　教龄20年

朱婷　江苏省镇江实验学校魅力之城分校语文教师　教龄3年

第二章

激励教师发展的活力

5.

教育现象学视角下的种子团队活力激发记

20 世纪最具影响力的艺术家之一亚历克斯·卡茨大师的一个顶级艺术创造就是平面"雕塑"作品。听起来不可思议，既然是平面，那怎么又可能是"立体"的雕塑呢？但成型后的作品真的是这样，虽然是平涂的手法，但是通过大胆的剪裁、时隐时现的轮廓线条以及颜色的调配，所呈现的竟然是充满立体之感的雕塑，让人震撼。

对于教育而言亦是如此。20 世纪 50 年代开始，有关教师发展的研究从"行为观"（以"过程—结果"理论为框架强调教师对学习有效管理的重要性）到"认知观"（以认知心理为基础探讨教师的知识、策略、决策、问题解决、教学反思、课堂管理等问题）再到如今的"情境观"（从社会建构主义的角度强调教师对他们的工作情境以及学生的生活情境的反思）[1]，这既是从平面看向立体的过程，也是教师活力不断被激活的过程。

一、平面之问

2018 年的 9 月，笔者成为上海市第四期"双名工程"虹口区"种子计划"中学德育团队的领衔人，这个团队肩负着一个与区域其他团队所不同的重要任务，那就是要从操作和实践的角度帮助区域内一所被列入初中"强校工程"的学校不断推进德育工作，从而促进学校整体的发展、教育品牌的形成以及社会影响力的彰显。在充分的调研和论证中，我们团队确定了以"生涯适应力"为统领，教育、教学齐头并进，通过"生涯教育"促进学校整体发展的"强校工程"推进策略。

宏伟的目标让人斗志激昂，具体的实践又令人找不到头绪：从哪开始？开始做什么？怎样去做？如何做得更好？……一连串的问题需要抽丝剥茧。

1 位政教主任、1 位大队辅导员、1 位年级组长、1 位学校青年班主任工作室负责人、5 位班主任(主科教学)，9 位老师都来自同一所学校(所要助力的强校)，都身兼两到三个工作角色，都是学校德育工作的核心成员，这是我们种子团队的成员组成情况。

"高配置"的团队构成平面图，看得出学校的重视与用心，但其中也隐约透露着不可忽视的问题：第一，团队成员来自同一所学校可以更集中开展项目探索，但同时也面临着基础薄弱、背景单一、拓展难度大的问题；第二，成员们虽都是学校德育骨干但都身兼多职，工作量大，常常处于满负荷状态，很难有更多额外的时空间投入新的领域；第三，他们成为团队的一员更多的是因为被学校指定而非主观意愿。如何将不足进行转化？如何提供时空间的保障？如何充分激发团队动力？这些都是亟须解决的问题，也是能否将这条助力强校之路走顺、走好、走远的关键。

二、"颜色调配"中的生命力孕育

团队中的王老师擅长德育活动的组织，陆老师在团体辅导与个别咨询上有着丰富的经验，杜老师倾心于亲子沟通的研究，李老师喜欢琢磨班级管理的有效性，谈老师的活动实施新颖独特，金老师的课程设计总有让人惊喜之处……

9位种子教师，都有着德育工作经验，但每个人的工作背景、专业特长和兴趣爱好却不尽相同，如果采用大部队行军的方式，可能会出现步伐不同、节奏不一致的状况；如果让教师们聚焦在自己轻车熟路的德育工作板块，可能又会带来固步自封的问题；如果将教师们调配到全新的德育领域，又缺少成长的时间和专人的引领。那怎样才能让所有成员在专项研究和全项统筹能力上都获得提升呢？

对此，我们实行"1＋2＋3"团队建构模式。团队分组是再寻常不过的事，但在这种寻常中却可以挖掘出"非常"之处。首先根据种子项目行动的重点方向和内容，将团队划分为"内生涯""外生涯"及"家庭教育"三个小组，然后请种子成员根据各自的教育特长、工作背景及自我研修关注重点加入其中一组成为主力队员，同时也自动成为其他两组的辅助成员。每一年种子成员所在的主力组和辅助组进行轮换，通过近三年的努力，所有种子成员都积累了三个小组的主力队员和辅助队员的经验，在潜移默化中实现了既是专才又是全才的发展。

平面的分组可以做到人以类聚，强化专项，但往往会限制全项的动态发展。

而这种"1＋2＋3"的动态的团队建构模式,通过采用一项主力、两项辅助、三项发展、多种组合的方式,使"主"与"辅"、"一"与"多"、"先后"与"同时"相融合,既强化了优势,又转化了弱势。这就好似不同色彩之间的流动融合与有序演变,蕴含着勃勃的生机!

三、"若隐若现"中的适应性增强

在第一次的团队成员会谈中,大家紧张又迷茫,虞老师说:"我有多年的班主任工作经验,让我管管班级我还是有信心的,但生涯教育我不是十分了解,还是很迷茫啊。"谈老师说:"我以前参与过区域生涯活动设计的编写,有一些了解,但是对于'生涯适应力'还是刚刚听说,我是班主任又是主科老师,今年有两个班级的教学任务,不知道有没有时间去了解。"高老师说:"我们的孩子太需要发展生涯适应力了,我是教理科的,不知道能不能在学科上促进孩子生涯适应力的发展。"

团队教师们对于生涯适应力并不了解,也没有丰富的生涯教育经验。大家都隐约感觉到好像很重要,但却不知道该如何去面对,对于现实实践也存有很多的顾虑——能不能做? 怎么做? 有没有时间做?

"若隐"的隐性观察者。对于不具备相关专业知识和技能的团队成员,大多数人可能会首先想到开展大量的专业理论培训,但容易忽略背后的衍生问题——时间何来? 兴趣度何来? 质量保障何来? 所以首先让团队教师们根据自己的兴趣点自愿选择加入对教师、学生、家长三大群体的观察队伍中,在观察任务单的引导下,开启两个月的"隐性观察者"之路。在这个过程中,每一位教师是倾听者、记录者、发现者,也是思考者。通过观察,教师们用具象、体验、感性的方式记录以下内容：教师的基本现状、优劣势、兴趣点、储备值、行动值；学生们在课上、课下、活动等各个方面的具体表现；家长群的特点、需求、对于家庭教育指导的期望等……在观察中，教师们既激动、兴奋，也有遗憾和困惑，更多的是不由自主的思考。隐性观察者的身份让教师们在自然的教育情境中感受到教育更多的独特性，提升了教育敏感度。

"若现"的积极实践者。在两个月的观察者活动后，生涯适应力的系列主题研修活动适时开始了。从"解惑关键词"开始，到"遇见生涯""一起'读'生涯""未来视野下畅谈生涯""个案视野下的内外生涯"……同时辅以精心配备的书籍。团队教师们的生涯教育知识得到快速积淀，生涯教育意识也越来越强烈。渐渐地，团队教师们已经能主动利用各种缝隙时间开始"案例分析""读书会谈""调研分享"……这是关注带来的发现，更是发现带来的积极践行意识！

在这条"若隐若现"线条的勾勒进程中，教师们逐步学会在正常的教育教学工作中聚焦教育情境，关注教育实践问题，在对自己或他人的教育教学工作的观察和探究中不断提高自身的教育行动反省和分析解决问题的能力，逐步形成"行动研究"的思维模式，更深刻地体会教育的价值及自身的责任，形成更强烈的教育动力和使命感。这条进路中没有产生额外的工作负担，不需要更多的时空间，有效实现了"在教育中研究，在研究中教育"，使教师们的教育适应力和创造力不断增强！

四、"大胆剪裁"中的可持续力激发

2019 年 2 月，学校正式启动了"促进学生综合素质发展的初中生涯适应力课程开发"龙头项目研究，依据生涯适应力构成四要素（生涯关注、生涯控制、生涯好奇和生涯自信）和三范畴（自我认识、社会理解和生涯规划）来构建生涯适应力专题课程,初步形成了由生涯认识力课程、生涯理解力课程和生涯规划力课程构成的课程架构。有了完备的框架,接下来最为关键且紧要的一环就是需要一群课程内容的开发者和实施者了。

"何为种子?"自然是要以星星之火成就燎原之势。此时种子团队的老师们首当其冲要成为开发与实施的先锋队,如何让先锋队率先吹响号角,并带领学校的教师们一起弹奏起优美的大旋律呢?

首先,要让团队教师们理解和认同学科课堂是实现学生生涯适应力提升的重要路径,把握课堂中育人功能发挥的重要基础,引导他们根据观察者所积累的宝贵经验将学生课堂的心理需求进行类型化分析,并尝试设计能够有效满足这些心理需求的情境活动。同时和身边同学科或不同学科的教师共同分享和讨论,将这些情境活动在课堂中加以运用,记录反馈效果,再次优化,最终形成多个能够有效促进学科德育课堂的情境活动。在这个过程中,团队教师们以及身边的伙伴们都深刻地感受到德育与学科的"一体共在"。

接着,带领团队教师们投入到生涯适应力课程的实践探索中:每周深入不同年级倾听由情绪力工作室的专业教师所带领的"情绪力"课堂,学习体验型课堂的实施要素;尝试和情绪力实施课程的教师合作,完成课程中某一个活动的带领和实施工作;2人一组,在进行了主题背景学习、活动设计1对2的督导后,开始对其中某一主题课程内容和活动进行设计和实施;同课异构结束后再次进行督导和调整,最终形成各自完善的活动设计。团队教师们的角色实现了从学习者—参与者—设计者—实施者的转变,其生涯适应力课程的设计和实施能力不断加强。

课堂情境活动大胆创新尝试+体验体现式生涯适应力课程实践,这些匠心独运的"大胆剪裁"让团队成员们不仅自己在不断前进,同时也带动了身边的教师,无论是班主任还是学科教师,无论是年长教师还是年轻教师,在团队教师的感染和带动下,他们都纷纷主动加入生涯适应力课程的探索和实施。不到一个学年,学校四个年级的生涯适应力课程目标就已明确,课程内容不断完善,课程实施主体也从外借力量迅速转化为内在队伍。借助学科渗透、德育活动、综合实践和PBL等多种实施途径的四个年级的生涯适应力课程已日益完善、有序实施,这是让人振奋的可持续力的激发!

五、立体之形

团队的张老师说:"我从曾经的不知生涯'为[wéi]何'到身体力行生涯'为[wèi]何'与'何为',现在我觉得我能有底气地说一句'我是一名德育工作者'!"学校的德育工作案例被收录为全国社科重大课题"立德树人落实机制"的优秀案例,并在全国学生发展指导论坛上进行主题汇报;学校荣获上海市关心下一代先进集体;种子项目研究论文在全国中文核心期刊上发表;种子团队倾力打造的德育精品系列《有戏的"荟"生涯》即将正式出版……近三年的种子项目行走之路中发生了太多精彩的故事,无论是成员个人的成长,还是团队的前进,抑或是学校的发展,都闪烁着积极改变的能量和光芒。荣誉的获得固然令人可喜,但更重要的是,团队中每位教师本着惠及更多的教育情怀,不断思考实践,不断创新优化,不断归纳整理,无私贡献出可供更多教育者、更多学校参考借鉴的实效成果,这是教育者的精彩与价值,更是不断前进的美好未来……

从一个种子团队的活力激发中可以看出教师发展的更多可能。教育现象学开创者马克斯·范梅南先生说:"如果我们能以日常生活为原点,通过对教育生活中点点滴滴的大事、小事、普通现象、特别现象的关注和探究,始终保持对教育的生活世界和生活体验的一种敏感、一颗好奇之心,它将促使我们对一层层包裹在我们体验之上的文化、历史、观念和思想进行质疑和反思,帮助摆脱理论和预设的概念,将已有的成见、看法、观点搁置起来,最终获取教育的本质。"[2]本文从教育现象学的角度出发,分析种子团队的成长历程,是以小见大,更是教育本质的彰显。

教育活力的表现维度有三个:生命力、适应性和可持续发展能力。[3]笔者通过"1+2+3"的团队搭建、"若隐若现"的能力培养以及"大胆剪裁"的课程开发和实施,孕育教师的生命力,增强教师的适应性,激发教师的可持续力,从而实现从平面到立体的教师活力的提升。在教师活力激发的过程中,以下三大宝"点"不容忽视:

一是"需求满足"。马斯洛著名的需求层次理论表明,人的需求如果未能获得及时满足,会使人失去动力并带来很多的情绪和行为问题,同时也会影响更高等级需求的产生。对于教师而言,他们希望做有惊喜、多样化、感兴趣的事;希望拥有更多的自主选择、有效决策的权利;希望在团体中被重视、被欣赏、被需要。这其实就是教师在教育生涯中存在的三大类基本需求:"乐趣"的需求、"权利"的需求以及"归属感"的需求。这些需求的满足是教师工作的动力之源,也是孕育教育生命力的第一步。如我们的"1+2+3"团队建构就是在满足教师们以上基本需求的基础上,使教师们既能做自己擅长且感兴趣的事,又能够进行多样化的自主选择,同时动态化的发展与构建,让每位教师有了更大的舞台、更多展示的空间。因此,本着"需求满足"的前提思考,就会有更多人性化、主体化、灵动化的设计与行动。

二是"本质思考"。当今社会信息传播迅猛而碎片化,个体适应性的培养需要时刻建立在本质思考的氛围中,这样才能真正促发个体的主动性、积极性和创造性,否则很容易淹没在大信息、高要求、多任务的浪潮之中。多维度思考,充分调动各种感官,获取最佳的感知方式;整合式思考,不贸然行动,不陷入习惯的陷阱,整合"前""后""左""右"以获取更佳方向;循环式思考,思考—计划—行动—思考—计划—行动，一步步深入问题的核心，不断充实与完善。"多维度""整合式""循环式"是本质思考的三个核心要点，也是我们在引领团队教师们生涯教育能力提升中所运用的"若隐若现"进程的重要依据，它能帮助教师们更加聚焦本源，推动适应性的发展。

三是"成长认知"。《认知天性》一书中有一个非常重要的观点，"想要终身成长，请像专家一样思考"[4]。在人们的认知中通常存在两种基本模式：一种是固定认知，一种是成长认知。固定认知往往会让我们通过做某件事证明自己的能力，而成长认知则是让我们通过做某件事提升自己的能力。就像团队教师们作为生涯适应力课程开发的先锋队一样，不是因为有能力或是为了证明有能力才去做，而是为了在实施开发的过程中不断提高自我能力，并让能力更活跃、更可塑、更有持续力。"成长认知"是个体持续发展能力的源泉。

有学者将教育活力比作种子，说它会不断演化、生长、开花与结果，发展出更多的可能性。希望本文能够促发更多更具教育实景的教师生态化研究的探索，用我们的种子唤醒更多教师团队的种子！

参考文献

[1] 吴庆麟,胡谊.教育心理学[M].上海：华东师范大学出版社,2018：316—333.

[2] 马克斯·范梅南,李树英.教育的情调[M].李树英,译.北京：教育科学出版社,2019：154—160.

[3] 石中英.什么是教育活力[J].上海教育科研,2021(3)：1.

[4] 彼得·C·布朗,亨利·L·罗迪格三世,马克·A·麦克丹尼尔.认知天性[M].邓峰,译.北京：中信出版集团,2019：190—194.

徐娟　上海市虹口区教育学院德研员　教龄 19 年

6. "摆渡人"角色引领下的活力型校本研修管理

　　"校本研修是教师专业发展的必由之路",愈益成为广大中小学教师的共识。校本研修从字面上看,"校本"基于学校、通过学校、为了学校,而"研修"则侧重钻研、学习、锻炼,使之完美。有句话叫"摆桨迎风成公去,渡尽汹涌上岸来",以"摆渡人"来诠释校本研修管理者的角色最恰当不过了。

　　"摆渡人"顾名思义,就是做一艘船,从河岸的一边,把人送到另一边。就学校层面而言,其引领其实就是促成教师之间自我摆渡、相互摆渡和超越摆渡的过程。作为校本研修的管理者,不仅要做教师专业成长的"摆渡人",而且还要在渡人中渡己,在成就他人的同时修炼自我,从而使学校这条航船成为人人参与的"成长共同体",也唯有成长的校园才能呈现出一派生机勃勃的景象。作为一所学校,该如何为学生谋幸福,为教师和自身谋发展呢? 下面以近年来我校开展的主题式校本研修项目为例,谈学校管理者如何通过充当好"摆渡人"的角色去助推教师的专业发展,让校本研修呈现出活力与生长力。

一、活力之源——摆渡人要开"信仰"的河

摆渡需要一条活水之源,即营造一个温暖向上的发展环境,在管理过程中学校不仅要"重师情""讲情谊",更要"入情入理""入微入境"。我们发现教师的发展一般要经历以下四个阶段:融入阶段——认同学校理念,有归属感;上格阶段——树立安心从教思想,能够掌握教育教学常规,组织好班级秩序,具备教师应有的素质;成长阶段——胜任班级管理和学科教学工作;发展阶段——能发挥自己所长,形成个人教学风格和特色。根据教师所处的不同阶段,学校管理者又该怎么做呢?

(一) 懂"人心",擅"共情"

在融入阶段,学校把"三个一"作为成为本校一员的必要通道,具体包括:

一是"做好一次约见"。近几年随着学校快速发展,每年有大量教师调入,暑期中学校会专门花一整天时间,分时间段逐一约见所有新入职教师,并记住他们的模样和名字,了解他们的学习、工作情况和兴趣爱好,以及对未来的规划等。二是"做好一次亮相"。在暑期第一次教师会上,学校隆重安排"新入职教师自我介绍",还将每位教师的照片、简介做成美篇发布在学校微信群上,并把群名片改成"任教年级＋任教学科＋姓名",便于教师们尽快认识。三是"做好第一次研修"。主题为"进了附小门,就是附小人",一般安排在 8 月 25 日新学期报到当天,研修目标是让教师们了解学校,知晓规章制度,以便更快融入。

(二) 树"榜样",点"迷津"

在上格阶段,管理者应充分做好"陪伴",为教师的成长"指点迷津"。

一是岗位安排"以老带新"。学校在任教年级、办公室安排上反复推敲,尽可能发挥每个人的长处,同时又考虑年级组和办公室内新老教师的均衡,使新教师在点滴中感受到身边同事的关心。二是课堂约见"把脉入门"。学校对新入职教师倾注了很多心血。开学第二周,对所有新入职教师逐一进行随堂听课、预约听课、跟踪听课,帮助他们发现亮点且加以发扬,分析问题并改进提高。三是家校联动"智慧交往"。在教师与家长沟通方面,学校更是给予诸多的陪伴与帮助,让教师感受到"不是一个人在面对家长,而是有强大的后援团"。每次遇到问题时及时沟通,师傅、下班老师、分管行政多方协助,以便教师尽早成熟起来。

(三) 炼"专长",促"发展"

在成长阶段,管理者应努力创设各种机会,让老师们修炼技能、展示才华,以实现教师的自我摆渡。学校有计划地组织开展"三笔一话""两微一板"的岗位技能擂台,创设各类教学练兵舞台:新入职教师参加"见面课""同课异构""师徒同台课""灵动杯课堂比武""人人一堂课""附小之春教研节"等,以课堂为载体,践行校本研修项目。如 2021 年第八届教研节,学校把所有教研员邀请到校,一对一指导,帮助教师们尽快成长起来。

(四) 晒"业绩",找"差距"

在发展阶段,我们把教师的获奖信息第一时间在教师微信工作群里向全校教师发布,同时通过"每月一次汇总公示"的形式展示成果,让教师们寻找差距,以便进行有针对性的优化。

校本研修的重要特征之一是基于教师、研究教师,最终促进教师的专业化发展,以上四个阶段的研修各有侧重,管人就得"管心",重视"师本"就能对教师的发展持续产生作用。

二、活力之魂——摆渡人要造"组织"的船

摆渡需要一条船,即管理落实要有一个抓手。学校重点依托主题式校本研修,通过"一个培训班"的打造,以及"三条渠道"的搭建,让老师们"心之所向,行之所至",构建一个有灵魂的团体,助推研修活动落地执行。

(一) 主题选择基于问题

管理者要有敏锐的洞察力,要善于结合校情确定合适的研修主题。前些年我们大力倡导生本课堂,虽课堂有所改观,但随后我们又发现课堂作业"课外化""整堂化"和"粗放化"等问题。针对以上问题,我们设计了"课堂作业随堂化"项目,力求发挥作业强大的导学功能。后来,虽然课堂作业随进了课堂,但作业的功能、目标、难度、类型仍存在一些问题,于是又将"着眼学生发展,优化作业设计"作为研修主题,因为作业设计绝不能信手拈来。近年来,我们又将学校"博雅课程"和"作业研究"进一步延伸,由此踏上了"探索全科阅读,促进深度学教"的项目化研修之路。

当然,学校要摆脱频繁更换主题的"游击状态"。以上研修主题从实际出发,虽有所不同,但又层层递进,学校应充分关注"研修的序列性"。

(二) 研修团队基于共进

教师被组织在共同的一条"船"中相互摆渡,就能形成专业化成长的共同体,为教师的成长搭建高速航道。以青年教师为例,学校重点打造团队建设,以实现教师互促共进的成长愿景。研修管理重点落实在"一个青训班"上,通过征集投票将其定名为"陶然社"。陶然社第一学期,固定在每周三下班以后,在各部门、各科

室的精心安排下,让老教师担任一线导师,针对现实问题,对青年教师实施培训,力求实实在在地起到帮助作用。

第二学期,陶然社按需研修,以赛代训,研修形式丰富多样。比如第二期"师者陶然,学以沟通",犹如一场及时雨,对新入职教师帮助很大;第五期"与时间赛跑,与规程为伴",事先我们下发调查问卷,根据问卷设计现场答辩,提升参训的意识;第八期"立足课堂,关注学生",通过有意思的互动小游戏,引导教师关注学生差异……此外还有少先队活动研修、心理健康研修、才艺展示和朗读者活动等。"学就真学学到手,做就真做做到位",研修成果集《风景这边独好》见证了老师们一路的成长。此外,陶然社研修常做常新,如与兄弟学校联合,聘请杭州专家和特级教师全程担任导师,不断提升研修品质。

(三) 渡人渠道基于宽深

名师出高徒,氛围出人才,"三专"促成长,研修管理者多角度打造提升工程,让交往和学习"宽"起来,让研究和思考"深"下去。

名师出高徒:学校推行"一年站稳讲台、三年脱颖而出、五年成为骨干"的"青蓝工程",让老师们站在前辈的肩膀上前行。氛围出人才:学校努力建设好"四种团队",尤其是"一团一品"教师学习小团队建设,落实"日常细节"和"日常交往",使特色研修"常做常新",让教师们站在团队的肩膀上飞翔。"三专"促成长:专业阅读,如疫情前我们启动了教师全阅读研修方案,为人人订制一份"购书单",把教师们想看的书送到他们手上,借助"微信推送"和"博雅讲坛",掀起了阅读热潮。专业写作,"随笔"与"案例"齐抓,学校每月开展"随笔互读互评"和"微信群分享"活动,每次论文评比结对修改,提高教师们的科研水准。专业交往,"线下"与"线上"并行,疫情期间的线上研修丰富了交流形式,让教师们站在自己的肩膀上攀升。我们始终觉得,"一船人,一条心"非常重要,学校要努力去唤醒每个人的主体意识,激发其内在需求。

三、活力之心——摆渡人要配"文化"的桨

"众人划桨开大船",一所学校要努力营造校本研修文化,"力往一处使,心往一处想",才能促进教师的专业发展,形成学校发展的基调,凸显学校个性。

(一) 配研修模式的"桨"

通过几年的校本研修管理,学校形成了"学研结合"的校本化研修模式,以校长室为统领,教科室是职能部门,中层各科室协同管理研修。研修中,我们不断总结经验,完整建构了"两条主线"并走的教师研修模式:"陶然社"培训班大大提高了学的效果,"主题式校本研修"大大增强了研的实效。

(二) 配研修实效的"桨"

管理者要始终敏锐地关注研修的"实际、实在与实效"。几年下来,学校逐步形成了"三维三度"的教师培养机制:"德、业、研"三度是针对教师成长的三个发展目标;"学、培、评"三维在具体推进中又有专门的保障措施,让研修指向所需,"重师德、强业务、精科研"(见图1)。

(三) 配研修评价的"桨"

为考量研修效果,管理者还需要开展研修评价。学校的研修成果逐步聚焦,形成了比较完整的"教师发展评价体系":立足"学"的陶然社专项考核与立足"研"的教师自身发展考核,两项考核都在每学期末进行。涉及考评内容的研修路径开枝散叶、硕果累累,已成为学校的特色品牌(见图2)。

评

教学与基本功评比
教师自身发展考核
"陶然社"评比考核

研　　德

教师成长　　　　　　学

师德班级管理培训　　业
教学常规培训　　　　　"三种团队"的学习活动
科研培训　　　　　　　"三种专业"的学习交往
　　　　　　　　　　　"青蓝工程"学教融合

培

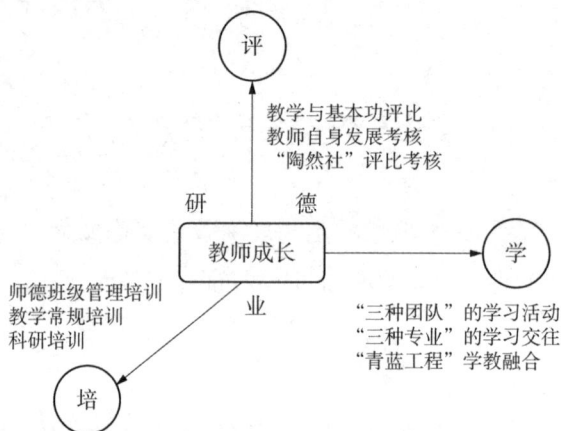

图1　"三维三度"教师培养机制

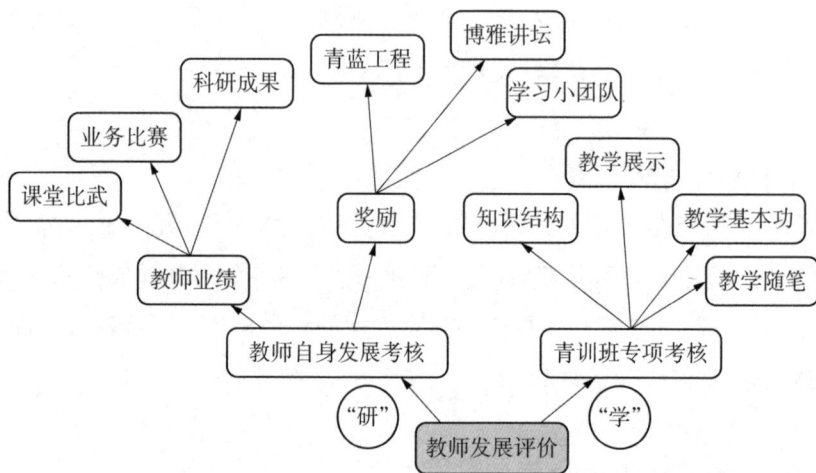

博雅讲坛

青蓝工程　　学习小团队

科研成果

业务比赛　　　　　　　　　教学展示

课堂比武　　　奖励　　知识结构　　教学基本功

　　　　　　　　　　　　　　　　　　教学随笔

教师业绩

教师自身发展考核　　　　青训班专项考核

　　"研"　　　　　　"学"

教师发展评价

图2　教师发展评价体系

此外,"生本课堂十多十少""优化作业诀""作业优化方法"等都是一线教师们提炼的经验,作为全校教师日常教学的行动指南,非常具有说服力,人人挥桨,一路前行。

四、活力之境——摆渡人要扬"生命"之帆

摆渡更需要境界,即学校管理者的使命不仅仅是"渡人",还应"渡己",并最终实现两者的超越。管理者要时刻牢记:师德为先、能力为重、专业为根、服务为本、学习为要,为摆渡再添一份活力。

(一) 在学习取经中渡己

在设计校本研修项目时,学校管理者需要"加高站位,加宽视域"。近五年来,笔者每学年有幸参加区"校本研修管理者"高级研修班培训,先后在区研训中心组织下赴南京、杭州、宁波、嘉兴等地学习校本研修顶层设计。在与专家的交流碰撞中,零距离走进学校观摩现场研修活动,进而帮助自己走出研修困境。

此外,管理者还要注重阅读,主动学习当下与主题相吻合的研究成果,并想方设法联系专家,如浙大博士徐慈华教授的"思维可视化研究",杭州凤凰小学的"儿童全阅读课程群的 4K+4H 模式",江苏特级教师、"长辫子老师"郭学萍的"绘本阅读与写作",绍兴名师张幼琴的"随堂化研究"等,邀请他们与老师们直接对话,使老师们受益。

(二) 在成果展示中渡己

学校研修项目"特色明显、扎实有效、成果显著",每学年都被评为区优秀特色项目,并在区、市现场展评中屡获一等奖。疫情期间,"心系教师,乐做摆渡人"作为湖州地区唯一一个入选项目,在"浙江省中小学校本研修管理者能力提升培训班"中分享和推广,省市和全国各地专家纷纷点赞。在成果展示中,既有梳理回顾和深层思考,又有取长补短和修正提高,努力构建教师发展"校中校",唱响校本研

修"南浔好声音"。

（三）在课题研究中渡己

校本研修"课题化"，课题研修"校本化"，学校一直坚持在做，使两者有机结合，不断做深做透。例如，"课堂作业随堂化"获浙江省精品研修课程及湖州市课题成果二等奖，"青年教师'四一三'行动策略研究"获浙江省精品研修案例、市成果一等奖和省成果三等奖，"基于关键能力下全阅读的架构与运行"成功获得浙江省教育规划课题立项，以及全阅读疫情复学课题省级结题并获市成果二等奖。此外，趁着浙江省教师发展学校（TDS）成功申报并获优秀等级的"东风"，另有三项教师发展相关课题获得立项。我们不断在科研中提升自我，做深做实我们的研究。

总之，校本研修管理者要心系教师，乐做他们的"摆渡人"，渡人渡己，坚持"需求导向化、项目主题化、主题序列化、实施项目化、过程规范化、管理精细化、成果显性化"的研修总体原则，着力打造具有南浔特色的校本研修新样式！

参考文献

［1］陈万勇.项目化教研：改进校本教研的有效探索［J］.福建教育，2020(14)：14—17.

［2］凌国华，胡达慧.项目工作站：以项目驱动校本研修［J］.中小学管理，2006(5)：21—22.

［3］赵灿冬."青年教师发展学校"——教师培养的校中校模式研究［J］.好家长，2019(43)：66—67.

［4］潘采方.青年教师培养的方法和途径探究［J］.新智慧，2019(25)：56—57.

［5］孙继明.《青年教师成长路径研究》课题研究报告［J］.吉林教育，2018(33)：87—88.

郑惠强　浙江省湖州师范学院南浔附属小学数学教师　教龄 20 年

7. "自动、自治、自主"的混合学习社群研修模式

一直以来,爱菊小学都致力于以校为本推动教师的专业发展。2017年3月,方继东校长领衔申报的课题"以校为本的教师专业发展课程建构:基于混合学习社群的视角"被确立为上海市教育科研市级项目。在课题运行之初,学校对全体教师就"教师专业发展与校本研修课程"进行了问卷调查和访谈。结果显示,学校在一定程度上已经培育了"同伴反思"的研修文化,为构筑混合学习社群夯实了基础。

三年多来,教师研修课程建设稳步推进,是一个不断创生、整合、优化、改进的动态进程。混合学习社群的建设运行与教师专业发展课程的孵化和孕育是同步进行的,构建了以校为本的教师专业发展课程体系,提高了教师的专业化水平。

一、自动——通过选择研修内容,构建混合学习社群

有意识地构建具有自我更新功能的学校教师混合学习社群,不但能为新教师

营造资源丰富且具有生命力量的专业发展环境，而且可以在有效的校内专业互动过程中促进教师的专业发展。

学校基于办学理念、校园文化、师生培养目标、校本课程体系，顶层设计了教师研修课程。学习社群的形成主要有两种形式。

第一，自然产生，如师爱与责任、师生心理健康、人文素养、信息技术等课程，是全体教师基于一个共同的目标，即坚定职业信念、提高职业素养而产生的跨年龄、跨学科、跨组织的混合学习社群。

第二，设计使然，通过研修课程的设计而形成，如学科专业学习社群、见习教师规培社群、特色教师工作室社群、慧享生活学习社群等，是特定人群根据学校推荐或自我选择而产生的混合学习社群。

学校内涵丰富、多样灵活的课程设置，营造了民主、平等且又自治、轻松的社群环境。同时，学校整体制定学习社群研修活动的要求、内容、时间安排，历经"拟定计划—实践反思—持续改进—系统整合"四个过程，系统规划社群运行与课程建设的行动路径，即发现问题（教学实践）—研究解决问题（课题研究）—申报课程（教师培训）三个阶段，形成了"教学、研究、师训"三位一体的校本研修过程。

基于"学习社群"的理念，学校组成了涵盖10个学科（包括语文、数学、英语、音乐、体育、美术、自然、境外法语、境外语文、境外公民），以学科教研组为单位的混合学习社群。这是一个个根据教师任教的学科而自动形成的专业集体，与一般教研组仅执行教学常规工作不同，专业学习社群每两年申报一个校级课题，根据专家评审的意见修改后获得立项，以某个教学问题的研究为社群开展学习和活动的主要内容，进行集体分享式探究、学习和行动。教师们一起备课，一起观摩教学，一起反思教学，一起评议教学过程中存在的问题，展开对"学习社群"的实践探索，积累了诸多鲜活的经验，并通过交互影响创生了新的教育智慧。

二、自治——运用各种研修工具，孕育同伴合作文化

学校采取教学、科研、师训一体化的方式，即各学科混合学习社群主持人（教研组长）结合教学工作申报校级研究课题，整体结构化地制定教研组计划，组织专题教研活动，开展课例研究，并将研究过程和成果转化为校本研修课程。

（一）课题引领

学校完善校级课题的规范过程管理，制定《校级课题立项以及管理方案》《校级课题经费使用方案》《校级课题结题成果评奖、先进集体、先进个人评选方案》，营造良好的教科研氛围，充分调动教师参与科研的积极性和创造性，提高科研经费使用效益，促进教育科研工作健康可持续发展。2017 年 9 月，10 位专业学习社群的主持人申报了 10 个集体项目的课题，经学校组织的专家评审后，全部被立项为校级课题。

（二）专题研讨

以学科为单位组成的混合学习社群有别于常规教研组活动的重要特征之一，就是研修活动的课题化和课程化。每个学习社群在学期初制定研究计划，系统规划一学年研究的目标、内容、方法、路径，设计并进行每月一次的研修活动。研修均有一个明确的专题，研讨指向教学的有效性，并经历前期准备、实践课研究、发现问题、反思调整四个阶段。

学校重新调整校本《教研组工作手册》，通过背景分析，对照上个学期研修目标简析达成情况，分析存在的问题，确立本学期的研修主题。设计《专题教研活动方案表》（见表 1），将教研活动规划分成活动计划、活动过程、取得的共识（结论）、

生成的问题、解决的方法、积累的资料 6 个环节,使学习社群的研修活动指向明确,效率提高。

表 1   2018(一)爱菊小学_____学科专题教研活动方案表

学科			教研时间			周次	
教研主题							
教研目的							
教研形式							
主持人			深入领导				
参与人员							
教研活动过程							
1. 活动计划							
2. 活动过程							
3. 取得的共识(结论)							
4. 生成的问题							
5. 解决的方法							
6. 积累的资料							

(三) 课例分析

每个学习社群成员参与行动研究,进行包含"设计教案、组内开课、反思调整、撰写案例"四个过程的研修活动。学校设计了《课堂教学反思表》(见表 2)及《课堂教学听课反馈表》(见表 3),确保每位教师带着思考参与上课、听课、评课活动,并能注重细节和原因分析,使教学研究过程更规范、有效。

表 2 课堂教学反思表

执教者:	时间:		第( )轮试教	
研讨专题:				
	发现的问题		反思及改进	
教学目标				
教学环节				
板书设计				
总结 (不少于 300 字)				

表3　课堂教学听课反馈表

执教者:		时间:		课题:
研讨专题: 　　如果是课题下的研究课,就简要写明研究专题的内容,本堂课研究的方向,主要解决什么问题				
课中亮点: 　　课中教师运用比较适切且具有新意和创意的教学手段与方法				
教学环节	发现的问题		改进及建议	
学生反馈				
前测		后测		
课前对学生现有情况的了解		课后对学生学习后情况的了解		

评价者:＿＿＿＿＿＿＿

(四) 成果分享

学校每学期都会组织专业学习社群活动展示。2017 年 12 月 1 日下午,学校开展了一场题为"'自动、自治、自主'——以校为本的专业学习社群活动展示"的活动,各学习社群主持人逐一介绍本学期的行动研究。2018 年 1 月 5 日,作为学习社群汇报活动之二,校英语大组在朱琼老师的带领下,展示现场研修活动"阅读之旅"。英语组老师们在头脑风暴、互相交流讨论、媒体演示的过程中,揭示了如何在英语绘本教学中培养学生的阅读习惯和阅读兴趣。2018 年 7 月 5 日全天,10个社群进行了"以研促教,以研促思"的校级课题结题展示。每个社群的所有成员与大家分享了近两年来的所思、所做、所悟,思维的火花不时激起其他研究者的共鸣。

区科研室特级教师和《现代教学》杂志主编作为专家全程参与,高度赞扬了各个社群的工作,例如在研究过程中注重理论学习,研究内容实在具体且善于借助媒体表达,专题教研活动结构化程度高,紧扣关键词深度剖析典型课例,扎根于课堂教学的求实的研究成果很有价值。

专业学习社群进行有效校本研训的模式和路径是:基于教学问题—合作学习研修—互相课堂观察—个人案例研究,有助于促使学校教师运用先进的教育理念增长学识,关注学生全面素质的提升,从而增强了教师驾驭课堂、教育科研的能力。

三、自主——按照社群运行路径,孵化校本研修课程

学习社群在运行的过程中,注重以行动研究、案例研究和实践研究为主要手段,按照需求、开发、完善、成形的流程,梳理混合学习社群的过程内容与研究成果,挖掘教师经验,聚焦深度研习与会谈内容,制作微课程。研修的过程即是教师自主培训课程的创生过程,优化形成了灵活多样、短小精悍、易于操作的课程群落。专业学习社群构建完成的教师校本研修课程涵盖了学校所有学科,其中数学被推广成为区级研修课程,下一轮申报获得审批进行的培训课程有8门。

案例 骨干教师课堂实践以及研究能力提升培训课程

一、课程开发背景

作为区"基于课程标准教学的区域性转化与指导策略研究"项目的基地校,爱菊小学大力开展基于课程标准的教学与评价的校本实践,提高学校骨干教师目

标—教学—评价的一致性,具有重要的现实意义。

目前的小学课堂对课程设计、实施、评价以及课程标准的实践,与很好地落实之间还存在着一定的差距。新课程到底倡导什么样的"新"教学?教师应该根据什么来组织和开展教学:是根据上级或专家规定的"好课"的标准上课,还是按照课程标准所倡导的理念与目标来开展教学?是根据教材按部就班(即"教教材"),还是基于课程标准自主处理教材(即"用教材教")?是模仿别人的"优质课",还是基于课程标准创造自己的优质课?这些问题依然存在。

日常教学中普遍存在教师对学生的学业成就评价,如课堂上的练习、提问、测验和课后作业等。作为教学的不可分割的一部分,它在师生的学校生活中扮演着重要的角色。当前我国教师日常教学中的学业成就评价,体现出明显的"常模参照"特点,这导致它在目的、目标、任务设计和实施以及结果反馈上均呈现出不同程度的问题,与当下我国倡导的发展性评价理念不相符。

2017学年开始,学校开展了"基于课程标准的教学与评价"的区级课题研究,积累了一定的课程建设基础。学校计划通过"基于课程标准的教学与评价的校本实践",引导各学科骨干教师在充分理解课程标准的基础上,建构一种基于课程标准的教学的实践框架,带领组内老师实现教—学—评的一体化。

二、课程目标

(一)通过对课程标准的学习,教师深刻理解课程标准所阐述的课程理念,依据对课程标准的分析、教材本身的特点和学生心智发展的特点构建教学目标,保持教学目标与课程标准的一致性。

(二)通过教学设计与教学实践,探究如何设计并实施基于课程标准的教学,把预设的课程纲要和教学方案付诸实践,真正在课堂教学中落实课程标准,使教师提高基于课程标准的教学的能力。

(三)通过基于课程标准的评价实践,构建校本各学科学业成就评价体系,构建基于课程标准的教学的实践框架,提高基于课程标准的目标—教学—评价的一致性。

三、课程内容架构

本期培训的主要内容包括主题讲座、读书沙龙、教学研讨、课例实践与观摩、评价实践、经验探讨、专家点评、实践优化、反思小结等(见表4),以提高我校骨干教师基于课程标准的教学与评价能力作为培训重点。

(一)主题讲座。邀请专家围绕本次培训主题进行课程标准解读,引导骨干教师进行课程标准的深入学习,促使本学科组内教师深刻理解课程标准所阐述的课程理念,确保对课程标准理解的一致性。

(二)读书沙龙。组织骨干教师研读《基于标准的课程纲要和教案》《基于标准的学生学业成就评价》《理解课程的关键概念》等书籍(见表5),并分学科回到学科组进行交流,同时将读书摘记发布于网上论坛分享学习。

(三)教学研讨。骨干教师带领组内老师梳理学科思想、学科知识体系,进一步明确学科课程目标,深入研究课程标准、教材和学情,在悟中学,做到读懂课标、读懂教材、读懂学生、读懂课堂,从而依据对课程标准的分析、教材本身的特点和学生心智发展的特点构建各学科教学目标,保持教学目标与课程标准的一致性。

(四)课例实践与观摩。骨干教师带领各学科聚焦"基于课程标准的教学与评价",以"课"为核心,定期组织观摩同学科或跨学科教师上课,取长补短,并着眼于教师设计教学的能力、实施教学的能力、评价教学的能力收集意见反馈,促使教师全面提升教学素养。

(五)评价实践。尝试设计表现性任务进行表现性评价,交流分享并实践运用,将课程与教学连接在一起,促进标准、评价、课程与教学的一体化。

(六)经验探讨。骨干教师进行经验分享,挑出优秀的、典型的课例,开展思维碰撞,建构一种基于课程标准的教学的实践框架。

（七）专家点评，实践优化。邀请专家对骨干教师的课例实践作点评，结合目标—教学—评价一致性的达成度，在原有基础上进行优化。

（八）反思小结。对于本次培训所得到的收获或者体会，骨干教师用文字的形式记录，并分享交流。

表4　课程内容架构

主题	形式	课时	实施时间	主讲教师
启动仪式	主题讲座	2	2017.7	高校专家
《基于标准的课程纲要和教案》重点章节研读	读书沙龙	2	2017.7	校师训教导
"读懂课标、读懂教材、读懂学生、读懂课堂"学科小组研讨	教学研讨	2	2017.7	校教学教导
"基于课程标准的教学与评价"研究课	课例实践与观摩	4	2017.7	校师训教导
表现性评价任务设计与实施	评价实践	2	2017.9	校教学教导
优秀、典型课例分享，建构框架	经验探讨	2	2017.9—2017.10	区学科带头人
《基于标准的学生学业成就评价》读书摘记交流	网上论坛	2	2017.9—2017.10	分管副校长
点评研究课，检验目标—教学—评价一致性的达成度	专家点评	2	2017.10	区科研员
实践优化，总结经验制作微课程	自主研修	2	2017.11	骨干教师
培训总结	会议	2	2017.12	校师训教导

四、课程实施过程

（一）课程学习的基本模式：专题探索型研究学习模式。

（二）课程组织管理：校领导高度重视该项工作，成立校本研修课程领导小组,由校长担任领导小组组长,副校长担任副组长,组员由分管师训、教学、德育的3位教导组成,共同完成校本研修各阶段的实施、管理与考核工作。

表5　文本类推荐资源

	名称类	作者	简介	主要观点	课程章节
书籍类	《基于标准的课程纲要和教案》	崔允漷、周文胜、周文叶	基于标准的课程教学方案评议要点与学科样例	"课程纲要"是以提纲的形式一致性地呈现一门课程的目标、内容、实施和评价这四个基本要素。基于标准的教案提倡老师们进行逆向设计,即根据课标,结合教材和学情等要素确定目标之后,先设计评价任务,再设计教学活动	第一部分　基于标准的课程教学方案评议要点 一、《学期/模块课程纲要》评议要点 二、《基于标准的教学方案》评议要点 第二部分　学科样例:义务教育阶段
	《中小学表现性评价的理论与技术》	周文叶	主要探讨了我们为什么需要表现性评价,什么是表现性评价,如何开发表现性评价	设计良好的表现性评价能够很好地将课程与教学连接在一起,促进标准、评价、课程与教学的一体化	第一章　我们为什么需要表现性评价 第二章　表现性评价的理论基础 第三章　表现性评价的概念框架 第四章　评价目标的界定 第五章　表现性任务的设计 第七章　教学中的表现性评价

五、培训小结

爱菊小学在2017年7月至12月期间,经徐汇区教师进修学院师训部审核通过,举办了"基于课程标准的教学与评价的校本实践"的校本培训课程。该课程的培训也是学校区级课题"基于课程标准的教学与评价策略和校本实践研究"第三阶段进行的研究工作。

学校以学习型教研组建设和课题研究为抓手,创新教科研机制,通过对骨干教师自我学习、同伴互助、专家引领、调整反思等形式多样的专题活动,创设学校教育科研良好氛围。扎实推进区级课题"基于课程标准的教学与评价策略和校本实践研究"的研究,引领语文、数学、英语、音乐、体育、美术、信息、自然8个学科的骨干教师领衔的校级课题研究全面推进,稳步落实徐汇区小学"种子校"课程质量提升工程相关学习和研究,深入参与区"基于课程标准教学的区域性转化与指导策略研究"项目基地校工作,以及健全激励机制,努力建设专业化、高素质的教育科研队伍。

在本次培训中,各学科骨干教师带领学科组所有教师全情投入,以积极认真、自主直觉的学习态度在6个月里辛苦耕耘,收获颇丰。全校8个学科的骨干教师以课题带领的研修课程全部申报完成校本培训课程的实施,各学科成员均撰写了课程纲要、教学手册、教学教案、教学反思或案例。

在培训过程中,校领导高度重视该项工作,成立校本研修课程领导小组,由校长担任领导小组组长,副校长担任副组长,组员由分管师训、教学、德育的3位教导组成,共同完成校本研修各阶段的实施、管理与考核工作。

通过学校提供的这样一个学习展示的平台,教师们互相了解其他组围绕该项目是怎样思考和实践的,做了些什么,有什么问题,想怎样改进,下一步的打算,等等。大家互相学习,借鉴彼此的经验,以便下一学年做得更好。

学校是成就教师、发展教师的沃土。正如张民生教授所说:学校必须要在成事中成人。校本培训是一项长期的、有待继续研究和实践的工作,我们学校将在创新和实践中不断反思,在探索和进取中不断发展。

基于校本研修课程构建、优化课程结构,提供丰富、开放、系统、可选择的课程,为教师学习提供了广阔的学习空间、开放的学习环境和多样化的学习资源,为不同层次教师的共同发展提供了多种可能。

四、成效——"三自"社群运行模式，有效研修共同发展

学校根据问卷、访谈、调研等方法深层了解分析教师的内在需求，通过聚焦校本化教师专业发展的目标，对教师培训课程进行分级分类组织，制定各种制度，运用各种工具规范、完善现有的专业学习社群，突出了校本研修的个性与有效性。

概括而言，学校混合学习社群的亮点与特色是：

1. 体现了科研引领。在课题的引领下，各学习社群对研究内容有整体设计，制定详细的年度研究计划，组织专题教研活动，采用课例行动研究法开展研修活动。

2. 搭建了展示平台。通过举办校园学术节、全员专题培训、课题结题展示等活动，增强了教师主动学习的能力和解决问题的能力，提高了教师的问题意识和科学教学的意识，促使教师潜心研究、用心教学、团队共进。

3. 做到了全员参与。每位教师作为学习社群的一员，在主持人的引导下参与研修活动，并通过思考与实践，在专题研修中提升教学水平。

4. 提高了组长素养。学习社群主持人（教研组长）作为学习共同体的引领者，扮演的是平等中的"首席"，在活动前整体结构化设计研修活动过程，研讨过程中适时介入，活动后及时总结提炼。

混合学习社群注重行动研究、案例研究和实践研究，从资源共享、经验分享走向探究学习，使教师研修活动更为适切、有效。两年一轮的校级课题结题后，经过专家评审，英语组、数学组获得校优秀成果奖，英语组、数学组获得校科研先进集体，3位组长获得校科研先进个人。语文、英语教研组长被推荐参评区科研先进个人并获奖，学校获得区科研先进集体。学校的课题阶段成果以及英语、美术、体育、自然4位教研组长的结题报告分别在《现代教学》《徐汇教育》杂志上发表。

在混合学习社群的研修过程中,教师们将自己的教育哲学融入实践,从理论到实践,最后再上升为理论,这样的螺旋式上升过程对教师产生了巨大的促进作用。教师的成长离不开其所在的"学习社群",同时"学习社群"成员的集体反思形成的巨大合力,使得课程文化更加富于创生性、丰富性和对话性,促使教师校本研修课程愈加优化,从而建立起校园内外、系统内外彼此沟通对话、推心置腹、充满活力的研究共同体。学校打造出了一支与高质量、高品位、现代化品牌学校相适应的高水平教师队伍。十三五期间,学校进行公开教学研讨和展示的教师达到了50余人次;语文、数学、英语、音乐、体育、美术、自然、信息等教研组均在区级层面进行了教研专题展示;在全国、市、区各级教学、科研和技能基本功大赛中多次获奖;在全国、市、区各级评选中多次获荣誉称号,还为局小教科、区教育学院教研室、区内其他小学输出了多名各级干部和骨干教师。

"自动、自治、自主"的混合学习社群的行动研究仍在持续,十四五期间,学校将完善校本研修机制,制定研修工作方案以及年度、学期校本研修计划,加强研修活动的设计与组织。不仅保证活动主题鲜明、要求明确、内容的针对性、深度研修的引领性、资源共享的便利性、时间安排的合宜性,也将线上研修与线下研修进行统筹规划、整体设计,充分发挥各自优势,使线上线下优势互补、有机结合,逐渐形成校内教师自主学习的系列化的混合研修机制与氛围。

吴晓燕　上海市徐汇区爱菊小学数学教师　教龄 34 年

8.　抱团与对抗：农村小学教师课题研究的激活路径

　　每到课题结题的前夕，我们总能在办公室听到这样的抱怨："怎么又到了结题的时候了，写结题报告太痛苦了！我的资料太少了。""什么？要结题了吗？我好像是申报了一个课题，可什么都没做呢！""我的课题送上去也就是'打个酱油'！"于是，教师们得出总结：课题这样高大上的东西，不是一线教师可以做的。

　　教师开展课题研究，可以在更高的水平层次上展开教学活动，发现问题，思考问题，形成解决问题的策略，使教学工作逐步向最优化方向发展，同时也使自身的素质得到提升与飞跃，好处不胜枚举。但大部分教师不明白课题研究的实质，没有制定有效的研究计划，没有经历真实的研究过程，没有选取适当的研究方法，结题时搜索枯肠，结果收效甚微。低层次、无效的课题研究无法实现"墙内开花墙外香"的应用普及效果，挫伤了教师对于课题研究的积极性。我校决定将课题研究与教师校本研训相结合，让科研与教研形成一个有机的整体，相辅相成，互惠互利，激发教科研活力。

一、顶层设计：构建序列化抱团研究网络

要想让老师们学会做课题研究，笔者认为必须要从学校、教研组、教师三个维度，构建一张课题研究的大网，让所有老师都能投入其中，抱团形成科研合力（见图1）。

图1　序列化抱团研究网络

（一）规划课题：构建框架，形成网络

课题研究如同装修房子一般，首先必须出设计方案。现代风格简约，北欧风格轻奢。风格不同，用料、装饰等必然不同。所以确定符合课改理念、统整学科研究的项目主题至关重要。如近几年，我校就把研究项目定为"基于核心素养的课堂教学研究"，各学科教研组根据学科特点，确定子课题开展研究。教研组内再按年级备课组细化主题，继续确定子课题，形成网状结构。

(二)大组课题：厘清序列,层层深入

1. 头脑风暴,确定研究主题的序列

以语文组为例,语文组从文体角度切入,开展"基于核心素养的叙事文体课堂教学实践研究",并采用头脑风暴的方式,将叙事文体分解成童话、小说、神话(民间故事)以及小古文等几大类,以两年为一个周期,逐次对不同文体进行不同的探讨研究。

表1 语文组研究主题

文体	开展时间	体裁特点	表现方法	研学模式
童话	2013.12—2015.11	1. 情节完整曲折,形象生动鲜明 2. 幻想丰富奇特,夸张强烈动人 3. 语言简洁活泼,表现手法多样	拟人、对比、反复等手法	童话讲读课 情节梳理课 语言品味课 1+X主题阅读课
小说	2015.12—2017.11	采用一波三折、跌宕起伏的笔法,把故事写得波澜起伏、委婉动人,展示人物鲜明的个性特征,表现深刻的主题	象征、对比、烘托、设置悬念、衬托等	小说情节梳理课 小说人物品读课 小说阅读策略课 1+X迁移训练课
神话	2017.12—2019.11	是表现远古人民对自然及文化现象的理解与想象的故事,它们充满了神奇的幻想,以象征和隐喻来表现它们的意蕴	拟人化、夸张手法、写实联想	神话文本解读 神话阅读品味 神话言语习得 神话拓宽视界
小古文	2019.12至今	1. 节奏鲜明,富有韵味 2. 言简意赅,字字珠玑 3. 字义艰涩,多法解读 4. 含义深刻,触类旁通	对偶、排比、借代、对偶等	文字理解,寻觅"小径"走向古文 文章揣摩,浸润"内容"深入古文 文化传承,碰撞"思维"提升古文

2. 文本解读，梳理研究内容的序列

有了初步设想后，课题组成员需要对研究内容进行梳理，厘清序列。如果研究教材，那么就要对教材的相应内容进行序列化梳理；如果研究学生，那么就要对其几个方面的前后表现进行序列化梳理。比如对于文体教学研究，语文组就将人教版和部编版教材中的对应文体的课文一一进行梳理，从年段分布、文章结构、语文要素等方面对课文进行分类，为之后的研究作好铺垫。

在厘清事物的序列后，其本质就会显现。所有学科都是如此。当然，这个序列可以是并排罗列式的横向铺展，也可以是层层深入式的纵深研究。

3. 按部就班，安排研究过程的序列

各教研组明确研究周期内的大概内容安排和各学期的具体工作计划，并严格执行。教研计划可以安排一两周的机动时间，预防意外原因导致的中断，确保按时完成研究任务，保证研究的规范性与实效性。

（三）个人项目：组团研究，竞选立项

校级课题与教研课题属于自上而下式研究，具有前瞻性和可操作性，但不一定是教师们面临的教学难题，或其感兴趣的研究内容。所以，我们还需要一种自下而上的研究，让每位教师都能找到自己的研究方向。每个学期，教师都可以申报"个人金点子"，学校立项后予以经费支持。该教师或以年级为单位，或以相同的研究内容为依托，与三五同伴组成项目小组，开展研究。到期末时进行项目审核，优胜组申报市级课题立项，继续研究；落败者可进行二轮申报，或另选项目申报，如此循环。这一过程需要几个周期，促使教师的知识水平和业务能力较开始有一个质的飞跃，确保课题的实效性与精品化。

课题研究需要做好顶层设计，以校级项目为核心，形成层级网络全覆盖，将课题研究落到实处。

二、课题实施：构建多元化对抗研究模式

课题研究要在课堂中实践与反思，研究成果也最终要回到课堂教学中去接受检验。如何开展课例的研讨，是决定课题研究是否有效的关键。

（一）全员"抱团式"教研

课题组根据年段、骨干教师配比等因素将教研组分为势均力敌的 AB 两组，每一组内的所有成员都会安排不同的教研任务，有的承担理论搜集工作，有的承担文本解读工作，有的承担前、后测工作。教师们分工明确，各司其职。在具体分工时，年轻的教师主动承接说课、试课、上课等挑战性更高的任务，为参与上级评选积累经验。其他教师为了完成自己的任务，必须参与试教、改课等教研全过程，为磨出好课出谋划策，牢牢抱团。这样极大地消弭了消极懈怠的情绪，调动教师教研的参与性与积极性，使每位教师真正成为教学的主人、研究的主人。

A 组教研课分工细则

课题：《精卫填海》

一、上课组人员任务安排
1. 执教者（3 人）
尝试课：　　　　诊断课：　　　　展示课：
2. 相关理论搜集：
3. 文本解读（说课形式）：
4. 前测、后测：
5. 阐述磨课历程（2 人）：
二、听课（课堂观察）组人员任务安排
1. 教学目标达成情况分析：
2. 教师课堂提问次数及内容分析：
3. 教师课堂导语、评价语言的设计：
4. 前测、后测效果对比分析：
5. 学习活动开展情况分析：
6. 学生的课堂参与面记录与分析：
7. 规范评课（2 人）：

图 2　教研课分工示例

（二）全程"滚动式"教研

课题组对一个主题的研究往往需要 4 周的时间。第一周是集体备课阶段，确定教学设计。第二周开始滚动式磨课。每组由三位教师根据确定的设计分别上

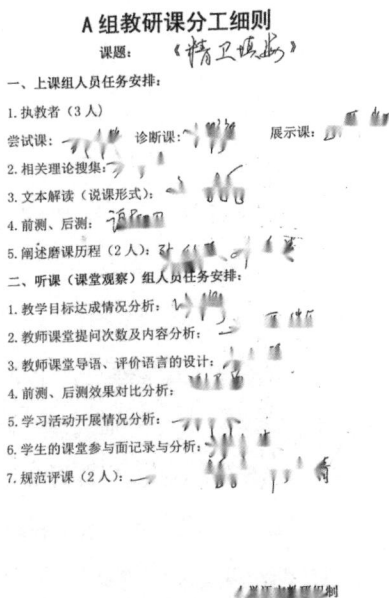

尝试课、诊断课和展示课(见表 2)。

表 2　滚动式磨课

周次	日期	活动内容	组别	参与者	负责人
1	10.5—10.11	集体备课:《羿射九日》	大组活动	全体教师	郑澍
2	10.12—10.18	尝试课:《羿射九日》	小组活动	A 组:陈 Ｐ B 组:张 女	陈 戴
3	10.19—10.25	诊断课:《羿射九日》	小组活动	A 组:金 B 组:陈	戴
4	10.26—11.2	展示课:《羿射九日》	大组活动	A 组:郑 B 组:张	郑

我们发现,即使是完全相同的一份教案,不同的老师也会上出不同的课感。于是,老师们结合自己的风格进行微调,最终保留公认的亮点板块,上出一堂高质量的展示课。三位老师接力赛式地滚动上课,展现的是集体的大智慧,既发挥了集体的协作精神,更发挥了骨干的引领作用,产生"1＋1＞2"的效果。

(三) AB 组"对抗式"教研

1. AB 组对抗:文本解读的头脑风暴

AB 两组从不同的侧面切入进行文本解读,如:A 组解读字词,则 B 组解读篇章段落;A 组立足中年级段特点进行解读,B 组则立足高年级对同一文本开展解读;A 组站在阅读视角审视文本,B 组站在写作视角解读文章……解读时,组内使用"头脑风暴法",呈现更多的思考。之后,AB 组代表轮流讲析自己的解读,展示更广阔的解读领域,追求更个性的解读观点。最后,组长再统筹组员的思路,形成一堂课的整体框架。

2. AB组对抗：教学设计的磨课跟进

AB两组对抗式磨课，或者同课异构，或者课时衔接，展现各自的理念。探索年级段特点时，以童话研究《鹿角和鹿腿》为例，分别在三年级与六年级共上同一篇文章。从目标中就可以看出教学内容与教学策略完全不同（见表3）。

表3 三年级和六年级上《鹿角和鹿腿》的教学目标差异

三年级教学目标	六年级教学目标
1. 师生共读故事，了解故事内容，理解寓意。 2. 抓住叹词，采用多形式朗读，读好鹿的语言。 3. 用上叹词，生动讲故事。	1. 利用天平式情节图感受鹿在故事中的认知反转，感受童话故事的情节逆转特点，体会趣味性。 2. 反转鹿的认知，初步学习表达不同观点的方法。 3. 仿照鹿对自身部位的认知创编故事情节，在创编中体会童话想象的合理性，培养学生的想象能力。

而同样是在六年级，同样是《鹿角和鹿腿》，从阅读本位和写作本位这两种不同角度解读，设计也完全不一样。课题组通过对同一文本的不同视角的研究，加深了对童话文体的认识（见表4）。

表4 六年级针对《鹿角和鹿腿》的不同设计

阅读本位：批判式阅读	写作本位：反转式创编
板块一：引导学生寻找《鹿角和鹿腿》中不合理的地方。把课文改得合乎逻辑，让想象更合理。 板块二：文言文版《牡鹿》与课文的比较，明确童话文体的特点之一——合理想象。	一、课前谈话：有话反着说。 二、感知情节的反转。 三、梳理导致鹿认知反转的关键事件。 四、反转认知，创编童话。 假如鹿一开始是抱怨角却欣赏腿，那这个故事又会怎样呢？

3. AB组对抗：评课议课的探案缕析

在听评课环节，AB两组各有任务。若A组着重寻找自己组设计的缺陷，B组则着重寻找对方设计的亮点,或者采取 A 组进行课堂展示,B 组负责听评课的轮流模式,促使各组从不同的角度反思教学设计。评析一堂课的好坏,不仅要看教学目标的制定和落实,还要看教者对教材的组织和处理;既要看教学行为的达成度,还要看学生的参与度、接受度和效率;既要看教师知识教授是否准确科学,更要注意分析教师教材处理和教法选择是否突出了重点,突破了难点,抓住了关键。每位老师的评析都有所侧重,汇总时又全面周到。"既见树木,又见森林",极大提高了教科研的效率(见图3)。

"探案式"教研——模式时间轴
内容

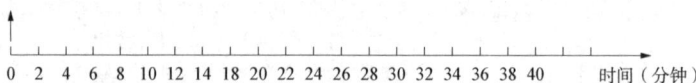

0 2 4 6 8 10 12 14 18 20 22 24 26 28 30 32 34 36 38 40   时间(分钟)

上课时间: 学科: 执教者: 班级及地点: 研究(记录)者:

"探案式"教研——课堂效果审核表

执教者的设计			听课者的研究			
教学目标	教学内容	设计依据	学习活动	学了什么	学习效果	建 议

探案式教研——教学行为观测表

时间: 班级: 学科: 观测行为: 执教者: 研究(记录)者:

次 序	教师行为描述	学生活动	效果观测	诊断	反馈

图3 评课议课相关表格

三、积极干预：搭建多样性研究展示平台

(一) 请进来：专家式引领使研究更高效

我校不遗余力地聘请校外专家对课题组项目进行指导。指导专家针对申报材料，提前准备审阅意见，再与项目申报教师面对面地交流修改意见，就课题选题论证、申报简述、研究过程、体例格式等进行逐一点评，同时对如何做好该类课题、如何搜集整理资料等工作提出了宝贵意见。专家站在更高的角度进行点拨，才能起到醍醐灌顶的作用，让课题组成员的反思更加高效，实现课题"看得懂""学得会""用得着"的可能，真正帮助教师提高科研水平，学生发展核心素养，学校落实品质课程建设。

(二) 搭配好：团组结构化使研究更深入

教师们组团往往较为随意。站在学校层面，我们就要考虑团队的年龄结构、年段分布、骨干配比等方面，以确保团队结构合理化。如果骨干教师申报课题，我们会推荐年轻教师执笔，采用师徒结队模式；如果是青年教师做研究，我们会选择经验丰富的老教师坐镇，采用老带新结队模式。这既有助于破除思想定势，分享优质教研资源，交流课题研修经验，也有助于建立积极的伙伴关系，形成更强的团队合力，推动组团内课题研究更加深入。

(三) 走上台：多元化平台使研究更开阔

1. 走出去，到更广的空间学习

学校鼓励老师申报与课题相关的培训，并给予经费支持。出去的老师尽量将培训内容用视频记录的方式带回学校，进行资源共享，促进教师教学理念的更新。

2. 传经验，到更大的场合分享

学校定期开展课题分享会，每个课题组都要汇报研究成果，同时由全体教师为这项课题研究打分，并评选出优秀课题。这既是一种学习，让老师学习同伴的研究亮点；又是一种鞭策，激发教师继续研究的动力。

3. 多上课，到更多的平台锻炼

当面对观众时，老师们会不自觉地变得郑重。所以，学校为老师们争取更多的展示平台，如校级展示课、学区研讨课、市级公开课……老师们展示着自己的课题理念，又磨炼了教学技能，让教科研真正在课堂中落地生根。

总之，只要我们采取"抱团对抗"的教研形式，构建网状研究序列，营造全员科研的环境，激发全程教研的热情，并通过搭建多样化平台，补足深化科研的动能，那么教科研之路必将越走越稳。

参考文献

［1］张晓辉.教师如何开展行动研究［M］.长春：东北师范大学出版社，2010.

［2］杨江峰.校本教研与教师专业成长［M］.福州：福建人民出版社，2014.

［3］乔力蒙夫.创新小学语文教研，推动教学发展［J］.新课程（上），2016(4)：267.

［4］刘仁增.语文教学必须强化文体意识［J］.福建教育（小学版），2013(9)：32—36.

郑芳　浙江省瑞安市塘下镇场桥第二小学副校长　教龄22年

张玲洁　浙江省瑞安市塘下镇鲍田中心小学语文教师　教龄9年

第三章

创生管理方式的活力

9. 激活学生学习力的"乡村服务站"

学校的教育活力，主要是指教师和学生的活力。相比之下，学生的活力更为重要，因为学生是教育的主体。因此，教育的活力内核在于激发学生的活力，学生的活力关键在于增强其学习力，即增强学习动力、毅力和能力。学生活力是否得以激发，主要看教育教学过程能否彰显学生的主体性，发挥学生的能动性，增强学生的实践性，释放学生的创造性。然而，当前学生活力不足的问题较为普遍，主因是缺乏撬动学习活力的支点。从内因看，学生没有学习的兴趣点，也没有学用的联结点，缺乏对学习的渴望。从外因看，老师没有积极为学生创设学习载体或路径，更多采用"刷题"的方法，导致学生厌学情绪日益加重。因此，如何激发学生活力、寻找激活学生学习力的载体和路径是亟待解决的问题。我校尝试以"乡村服务站"为支点，激活学生的学习力。

一、乡村服务站的联结化内涵

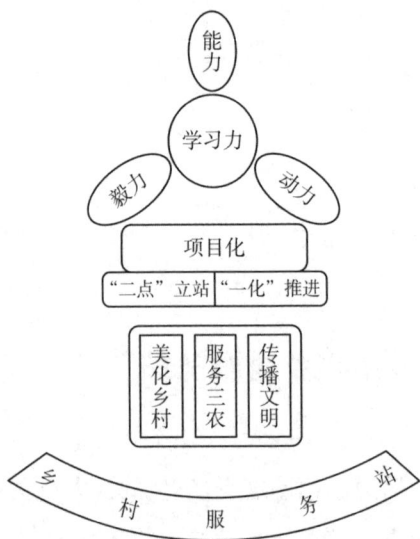

图1 乡村服务站的联结化内涵

乡村服务站是指我校在本市镇村设立的,具备一定专业知识和技能的,由师生、家长、技术员相互协作的,以服务当地村民为宗旨的,以激发学生学习力为目标的服务基站。它是撬动教育活力的支点,是促进育人方式改革的创新载体。乡村服务站的运作过程,是学生探究知识、实践研训、劳动健体、审美教育、志愿服务的过程。乡村服务站和学生学习力之间的桥架是乡村服务站的服务项目,在项目实施过程中,基于学生的兴趣爱好和对社会热点、难点的关注激活学生的学习动力;学生在项目操作环节会遇到种种困难和挫折,从而培养他们的学习毅力和战胜困难的勇气,如实验数据的反复计算、学科知识与实践对接的差距等;实践中,把书本知识转化为解决生活、生产中实际问题的能力是提升学生学习力的最高追求,是乡村服务站建设的终极目标。乡村服务站的联结化内涵如图1所示。

二、乡村服务站的结构化设计

1. "三维"布局

乡村服务站的建设从"美化乡村、服务三农、传播文明"三个维度布局。从新农村建设切入,挖掘和优化地域资源,统筹学生的关注点和兴趣点;从学科知识对接着手,建设将知识转化为学生解决生活生产中实际问题能力的乡村服务站。学生分三大组进村走访、调研,每组提炼 10 个站点设想供学生代表讨论,最后确定 5 至 6 个站点供学校讨论。其中,"美化乡村"涉及庭院美化设计、五水共治、绿化加油站等;"服务三农"涉及农业知识小信使、产销快递、农民权益帮帮团等;"传播文明"涉及严州文化、模拟导游、新家规家训等。

2."二点"立站

"二点",是指学生学习的"兴趣点"以及知识与实践转化的"联结点"。兴趣点和联结点是学生学习动力的激活点。根据兴趣点和联结点,学生自行设计乡村志愿服务项目,并按照感兴趣的热点、难点、兴奋点确立乡村服务站。学生在教师和技术导师的指导下由联结点拓展教材内容,加强服务站建设与生活经验的联系。根据服务项目需要,扩展主题内容,加强主题内容与学生经验世界和现实生活的联系,真正实现在生活、实践中学习。

3."一化"推进

"一化",是指学习成果的转化。乡村服务站以"学习转化"为旨归,学做结合,将学生学习的知识转化为实践能力和实践智慧,从而提升学生的学习能力。推进的抓手是服务项目的设计和实施。

通过"三维"布局、"二点"立站、"一化"推进等策略,三大系列九大主题,共计 65 个乡村服务站在学校附近的村落建立,服务站建站说明如表 1 所示。

表 1　乡村服务站建站说明

系列名称	主题名称	站点举例	服务项目	学习力体现
"美化乡村"系列服务站	庭院设计	滨江村服务站	庭院假山水循环设计	学习动力;水电知识转化;创造美的能力

（续表）

系列名称	主题名称	站点举例	服务项目	学习力体现
	五水共治	岱头村服务站	三格式化粪池设计	学习毅力；理化生等知识的转化力
	绿化加油站	西湖村服务站	村公路绿化树种选择	以劳促学的毅力；环境、土壤、植物等知识的转化
"服务三农"系列服务站	农业知识小信使	睦山农蓝莓园服务站	蓝莓组培学习与服务	学习植物育种兴趣的培养；植物组培知识转化为实践能力
	产销快递	绪塘村草莓服务站	草莓快递箱的设计	学习动力、毅力；融入环保与经济理念的能力
	农民权益帮帮团	龙山村服务站	拆迁面积计算的法规	拆迁面积计算及法律依据的运用能力
"传播文明"系列服务站	严州文化	宝华洲社区服务站	严州古碑文拓印	拓印技术的学习动力；解读拓文的能力
	模拟导游	严州古城服务站	古城导游	导游规划和解说载体创新
	新家规家训	十里埠村服务站	家规家训牌匾制作	拟新家训、牌匾制作的能力

结构化设计机理是学用联结。首先，从"美化乡村、服务三农、传播文明"三个维度为学生找准学用联结的主阵地。根据学生的兴趣点和学用的联结点创建服务站，以学做结合的策略推进，为学生搭建学以致用、选以致修、惑以致研的平台。这样的设计有利于培养学生的认知能力、合作能力、创新能力和职业能力。

三、乡村服务站的项目化实施

项目化实施是指以学生的学习力培养为导向，各乡村服务站根据服务项目特定的目标设计相关任务并通过项目管理的基本流程获得预期成果的体系化运作。

项目化实施的作用在于"以做促学""学做互通",使学习各要素真正发生,让学生的学习力真正得以提高。因为在项目实施过程中,学生能真实经历知识、技能、经验的学习和体悟,是知、行、意的高度融合、转化过程。项目化实施分"孵化式确立项目、靶心式规划项目、学程式运作项目、组团式评价项目"等环节完成。

1. 孵化式确立项目

含义:指对学生感兴趣、易于把学科知识转化为实践技能且便于在乡村服务站实施的服务项目进行培育,使其成为精品项目。

操作:"定位(基于真实)、切入(基于问题)、选题(基于学科)、确立(基于论证)"等步骤。真实性是确定项目的重要依据,项目越真实,越贴近生活,就越能激发学生的兴趣和学习欲望,学生的学习动力就越持久。学生从身边所要解决的问题以及当今社会的热点问题切入,以教材某个章节知识为基础,结合课程标准对相关知识的目标导向和他们相关生活经验的情况,选取他们熟悉的服务项目。同时,学生组织论证会,论证项目预期成果,论证激发学生学习力的活力点,论证乡村服务站的硬件与软件优势及实施的可行性。最后由评审小组投票表决并将拟实施的项目予以公示。

以"模拟导游"项目孵化为例。梅城在古城改造过程中挖掘了一大批景点,如何进行古城和校史宣传成了迫切需要解决的问题。该项目联结了众多学科知识,尤其是历史、地理、文学等方面的内容。如建县一千七百多年、州府一千三百多年的历史,众多的历史名人如朱买臣、严子陵、孙韶、杜牧、范仲淹、陆游、商辂等;乌龙山、新安江的地理知识,包括地形地貌、水文气候等;五千余首(篇)较著名的诗文,如《宿建德江》《睦州四韵》《潇洒桐庐郡十绝》《与朱元思书》等。我校学生在这里生活和学习,对古城有着丰富的生活经验,对于开发古城导游这个项目,学生可以创编导游词、设计旅游规划,以及培养导游能力。基于"模拟导游"校本课程的建设、市旅商局的技术支持、梅城成校义务导游团的加盟，该项目成功孵化，并成为精品项目。

2. 靶心式规划项目

含义：指以强化项目目标为导向的乡村服务站服务项目规划策略。其意图在于两点：一是凸显服务项目的功能和项目内各环节的目标，彰显各乡村服务站的特色；二是突出服务项目与学生学习力提升的关联，完成激活点预设。

操作：设定目标、设置环节、预设成果、设计预案等步骤。目标分为大目标和小目标，大目标指的是整个项目的总目标，包括项目对学生学习力的激活目标；小目标指项目的各个环节的具体目标，包括知识目标、学习力的各元素实现目标。设置环节主要包括项目详细步骤、知识与能力转化点、各环节实施要点等，如某个环节会运用什么学科知识、如何运用、如何将这些知识转化为实践技能等。预设项目能取得什么成效或成果，包括阶段性成果和终结性成果、物化成果和技术性成果等。保障资源包括时间、场所、人员等以及紧急事件处理预案。

以家用三格式化粪池项目规划为例。本项目旨在引导学生用物理、化学、生物、地理知识完成三格式化粪池设计，将密度与流量、物质性质、微生物的细胞呼吸、地势和风向等知识灵活地用于生活实践。设置环节分三步，一是学生利用学科知识调查和评判农村三格式化粪池建造和使用的合理性；二是学生设计三格式化粪池图纸，包括1—3号化粪池容积计算、深度要求、过粪管规格及安装模式、盖板设计；三是学生根据图纸建造三格式化粪池，包括位置选择，如主导风向的下风侧、地势略高、土质坚实、地下水位低，以及根据液体流量和容积设计池的大小等。保障资源包括由管道安装师、石匠等组成的技术员，以及由带队教师、校医和部分学生家长组成的安保员，还有预案实施细则。

3. 学程式运作项目

含义：是学生根据规划在学习、实践体验中完成乡村服务站服务项目的过程。它既是学生在乡村服务站志愿服务的过程，更是提升学习力的学习过程。其作用在于培养学生实施项目的技能，同时通过"探究—合作—提炼—分享"，提升学生的学习品质，让"做中学""学中做"的理念付诸实践、落地生根。

操作："思考、合作、提炼、分享"等步骤。学生在项目实施过程中考虑如何把规划变成具体操作行动以及实践要点。学生在项目操作过程中学会与同学之间的合作及与导师之间的合作。学生完成项目后自主梳理、整合相关知识，发现新问题并寻求解决问题的方法。同时分享实施项目的显性成果、学习力提升的感受和具体表现、提高实践能力的技巧等。

以蓝莓组培项目为例。通过让学生实地考察蓝莓组培基地，思考"生物选修三上"所使用的实验仪器，激发其对将离体植物组织培养成完整蓝莓植株技术的兴趣，使其产生学习该技术的动力。学生通过分组实验，实践对比蓝莓组培苗的胚胎和器官发生途径。学生定期观察、记录组培过程，确定组培苗的生长状况。在长时间的观察记录过程中，学生克服困难、持之以恒，学习毅力得到提升。通过实操，学生和导师共同探讨污染瓶的形成原因，反思为何严格按照书本步骤还会发生杂菌污染，联结书本知识和实践操作提升学生学习能力。

4. 组团式评价项目

含义：指提升项目实施质量和激活学生学习力的"双边"评价形式。以"五三

二"原则组建评审团,即评审团成员中学生占 50％、教师占 30％、社会技术人员占
20％。突出学生是评价的主体,从学生的立场评价激活学生学习力的效果和改进
要点,同质项目组的学生对调评审,保证评价的公正、实效。教师以评价激活学生
学习力实效为主,兼顾服务项目实施质量。社会技术人员主要从专业的角度评价
项目实施质量并作技术评判。

操作:目标评审(质量和活力目标)、现场记录(流程和活力呈现)、报告审议
(学生实践报告)、结论提交(亮点与不足)。项目组提供目标分项清单,重点由学
生评审员对照自己服务组的目标逐项打分,划出有创意的目标并指出被忽略或欠
合理的目标。评审团共同观察服务流程和活力呈现情况,记录两维度的亮点和不
足。项目组根据组员的实践报告完成小组总结供评审团审议,评审团结合观察记
录和实践报告列出亮点和推介建议。同时,学生将服务活动中暴露的问题进行梳
理,与项目组成员共同分析原因、寻求相应的对策并完成纠偏方案的研制。

> 以对"模拟导游"某项目组实施评审为例。在目标评审中,学生评审员列
出了"幼儿团、老人团、学者团等大跨度旅游团的校史馆模拟导游设计"的亮
点,评审组记录了学生为不同人群导游的方法,如说话语气与表情的差异、学
生的激情等,结合学生的模拟导游活动的体验,列出了学生活力四射、多角度
思考和多种方式操作的能力等亮点,同时指出了导游词与历史学科知识关联
度不强且部分表述欠精准、学习力增强程度不均衡等问题。最后,对导游词
做了课本回应式修改,形成新的项目方案。

乡村服务站的项目化实施,激发了学生活力,促进了学生智慧的迸发,学生在
实施过程中经常会创造性地想出解决问题的方法。在"模拟导游"项目实施过程
中,学生针对游客年龄的差异,设计了差异化的导游载体。他们创设了趣味化的

素描画辅助法给小学生做导游,形象化的微视频辅助法为老年人做导游。这样的思考体现了学生的学习智慧和活力。在项目化实施过程中要充分发挥学生的主体作用,引导学生自主选择服务站类型和服务项目,自主规划项目,自主谋划操作方法,自主评价。同时,鼓励学生重组、领悟、活用相关学科知识,摸索实践技巧,反思实践偏差,克服实践困难,改进实践方法,充分发挥能动性。

总之,乡村服务站能成为增强学生学习力的支点,其奥妙在于强化了"学生主体"的基本点和"学用联结"的新机制。它促成了学生学习的真实发生,实践的真实发生,知识转化为能力的真实发生。

参考文献

[1] 吴志芳,李祝勤.乡村志愿者:依托乡村服务站的普高特色课程群架构与实施[R].浙江省教育科学规划办,2016.

[2] 吴志芳,李祝勤.严中样本:农村高中育人新视界[M].北京:现代出版社,2021.

李祝勤　浙江省严州中学梅城校区科研处主任　教龄31年

吴志芳　浙江省严州中学梅城校区校长　教龄25年

10. 信息技术赋能学校教育活力

　　教育信息化，是时代发展的趋势，也是教育改革的方向。随着信息技术与教育教学的逐步融合，学校适时提出了"信息技术运用是学校核心竞争力"的办学思想，在技术赋能教育活力的途径与方式上，围绕"更好地五育融合与立德树人"宗旨，主要通过"学习融信息技术手段，赋能学习动力；成果可视化作品呈现，赋能表达体验；分享借移动互联平台，赋能交流分享；评价用现代智能技术，赋能增值评价等"，追求增强学生学习内驱力、支持与激活创造性问题解决能力，彰显"信息技术，让学习生活更美好"的发展愿景。具体而言，表现在三方面，即技术助推个性化学习、助育综合素养和助力课程建设。

一、赋能学习活力：技术助推个性化学习，引领课堂教学改革

　　教学改革是教育变革的核心与关键，"赋能学习活力"是关键中的关键。学校在国

家社科基金课题"基于云课堂的中学移动学习实践研究"和上海市级项目"多元平台支持下中学智慧校园建设的实践研究"基础上,近三年来重点推进了"数据驱动下 C-STEP 学习的实践研究"项目。C-STEP 学习即云课堂下的个性化学习,是围绕"教"与"学"的常态化变革,在"数据驱动应用性建模"的基础上,探索并形成了 C-STEP 学习的教师备课—教学范式和 C-STEP 学习流程,有效探索并落实了技术赋能学习活力。

(一) 数据驱动学习活力: 形成数据驱动的应用性建模

学校对四类数据有了实践性研究与应用: 一是基于综合测评的数据,如长宁绿色指数测评、市区对学生非智力因素的定期监测;二是基于作业与阅卷系统的学习数据,学校已积累了四年的智学网的各类数据,教师能熟练进行基于智学网数据的精准分析;三是基于学习效能的数据,试点学科基于智慧课堂的作业平台,已积累两年数据,并有初步应用;四是基于学生学习表现的数据,主要通过智慧课堂平台积累学生行为表现数据,并进行结构性对比分析。

基于以上四类平台的结构性数据,学校建构"数据的收集、建模和驱动力表现"模型(见图 1),为数据驱动学习活力提供了有效支撑。

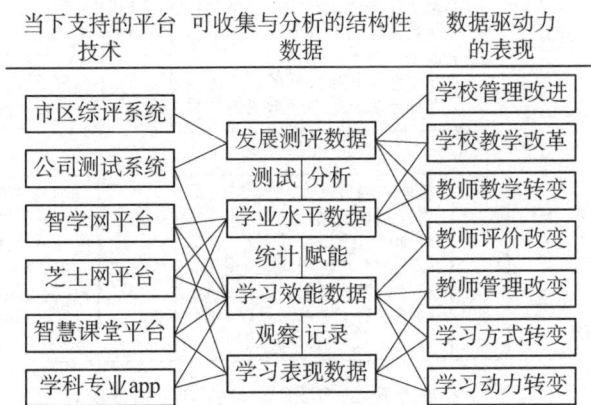

图 1 "数据的收集、建模和驱动力表现"模型

（二）平台导航学习活力：提炼 C‑STEP 学习备课流程与学习方式

学习不是单纯地接受，更应是个性化的自主发展。基于"先学后教，以学定教"思想，立足方法多样、形式灵活的混合式学习，学校教师在实践基础上构建并逐步完善了智慧课堂下 C‑STEP 学习的"433 备课流程"（见图 2）。

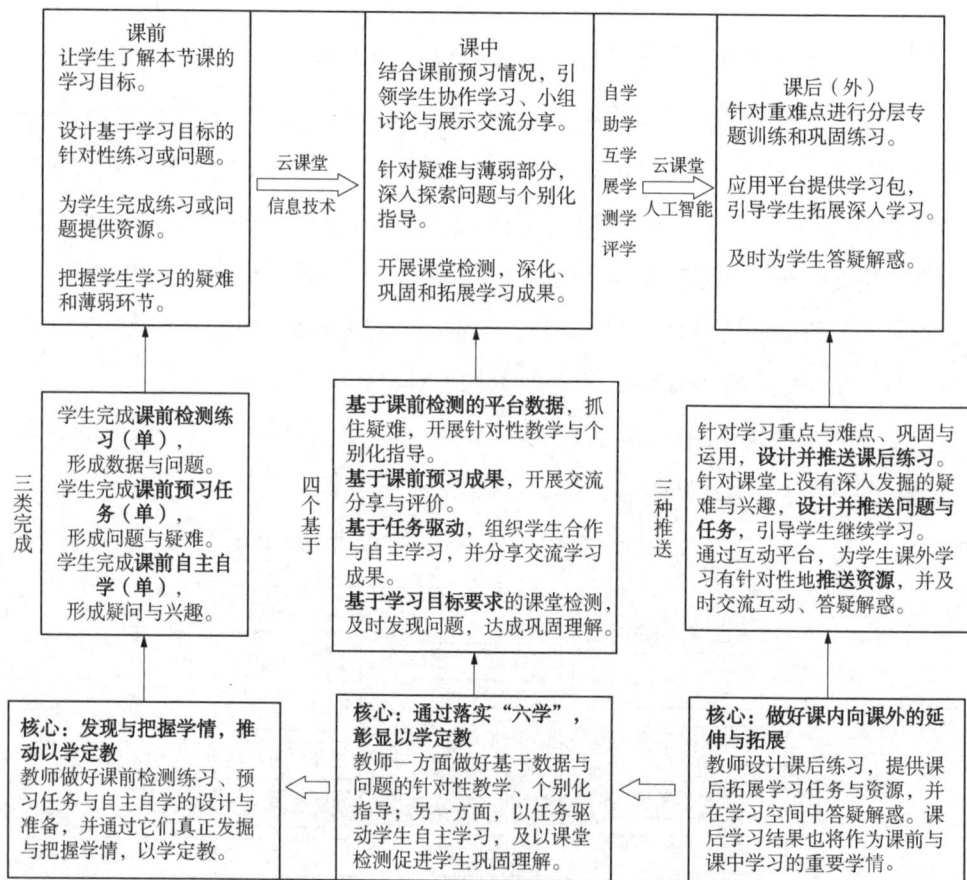

课前 让学生了解本节课的学习目标。 设计基于学习目标的针对性练习或问题。 为学生完成练习或问题提供资源。 把握学生学习的疑难和薄弱环节。	云课堂 信息技术	课中 结合课前预习情况，引领学生协作学习、小组讨论与展示交流分享。 针对疑难与薄弱部分，深入探索问题与个别化指导。 开展课堂检测，深化、巩固和拓展学习成果。	自学 助学 互学 展学 测学 评学	云课堂 人工智能	课后（外） 针对重难点进行分层专题训练和巩固练习。 应用平台提供学习包，引导学生拓展深入学习。 及时为学生答疑解惑。

三类完成	学生完成**课前检测练习（单）**， 形成数据与问题。 学生完成**课前预习任务（单）**， 形成问题与疑难。 学生完成**课前自主自学（单）**， 形成疑问与兴趣。	四个基于	**基于课前检测的平台数据**，抓住疑难，开展针对性教学与个别化指导。 **基于课前预习成果**，开展交流分享与评价。 **基于任务驱动**，组织学生合作与自主学习，并分享交流学习成果。 **基于学习目标要求**的课堂检测，及时发现问题，达成巩固理解。	三种推送	针对学习重点与难点、巩固与运用，**设计并推送课后练习**。 针对课堂上没有深入发掘的疑难与兴趣，**设计并推送问题与任务**，引导学生继续学习。 通过互动平台，为学生课外学习有针对性地**推送资源**，并及时交流互动、答疑解惑。

核心：发现与把握学情，推动以学定教 教师做好课前检测练习、预习任务与自主自学的设计与准备，并通过它们真正发掘与把握学情，以学定教。	**核心：通过落实"六学"，彰显以学定教** 教师一方面做好基于数据与问题的针对性教学、个别化指导；另一方面，以任务驱动学生自主学习，及以课堂检测促进学生巩固理解。	**核心：做好课内向课外的延伸与拓展** 教师设计课后练习，提供课后拓展学习任务与资源，并在学习空间中答疑解惑。课后学习结果也将作为课前与课中学习的重要学情。

图 2　智慧课堂下 C‑STEP 学习的"433 备课流程"

（1）课前——围绕四项任务备课。教师平台备课时重点思考四个"如何"，即如何清晰认识学习目标价值，如何准确把握学习的疑难困惑，如何及时发现学习的薄弱环节，如何正确发掘学习的兴趣点。在此基础上借助云课堂平台与技术手段，重点落实三个"完成"，即完成学习目标的设定，完成基于学习目标的针对性练习或问题的设计，完成学生学习疑难和薄弱环节的把握。

（2）课中——围绕三大主题展开"六学"。教师应用平台突出课堂三个重点，即结合课前预习情况，引领学生协作学习、小组讨论与展示交流分享；针对疑难与薄弱部分，深入探索问题与个别化指导；开展课堂检测，深化、巩固和拓展学习成果。

（3）课后——展开三种推送式学习。在云学习平台支撑下，一是针对学习重点与难点、巩固与运用，设计并推送课后练习；二是针对课堂上没有深入发掘的疑难与兴趣，设计并推送问题与任务，引导学生继续学习；三是通过互动平台，为学生课外学习有针对性地推送资源，并及时交流互动、答疑解惑。

在实践基础上，教师形成了指导 C－STEP 学习的三种主要方式。一是基于疑难问题的自主探究学习，主要适用于基础性学习中的新授课学习。师生在云课堂平台多元功能支持下，通过预习提问，形成并聚焦于有价值的疑难问题，通过解决真问题，培养与检测学生解决问题的能力和提出新问题的能力。二是基于练习检测的自主个性化学习，主要适用于基础性学习中的复习课学习。师生通过课前在线检测练习的数据分析，确定重、难点讲解，最终让学生体验并选择适合自己个性的学习方式。三是基于任务作品的自主合作学习，主要适用于基于项目任务的探究学习。在云课堂平台多元功能的支持下，建立合作小组，合理分配学习任务，让学生在理解任务要求的基础上，制定完成任务的方案，并根据方案完成任务作品，相互交流、欣赏、评价，最终使学生在获得知识的同时，体验合作精神，提升合作能力。

（三）流程彰显学习活力：应用中总结学生进行 C‑STEP 学习的流程

自 2019 年始，学校地理学科率先开展常态化运用智慧课堂试点，提炼出了"三空间下的六学流程"（见图 3）。其中，"三空间"是统整于智慧课堂的课堂互动空间、作业平台空间和班级空间，它们既独立又可融合运用，操作方便，共同支撑起智慧课堂。"六学"指自学、助学、互学、展学、测学和评学，随着教师组织 C‑STEP 学习方式的变化，六学彼此是一个可发展变化的灵活流程。

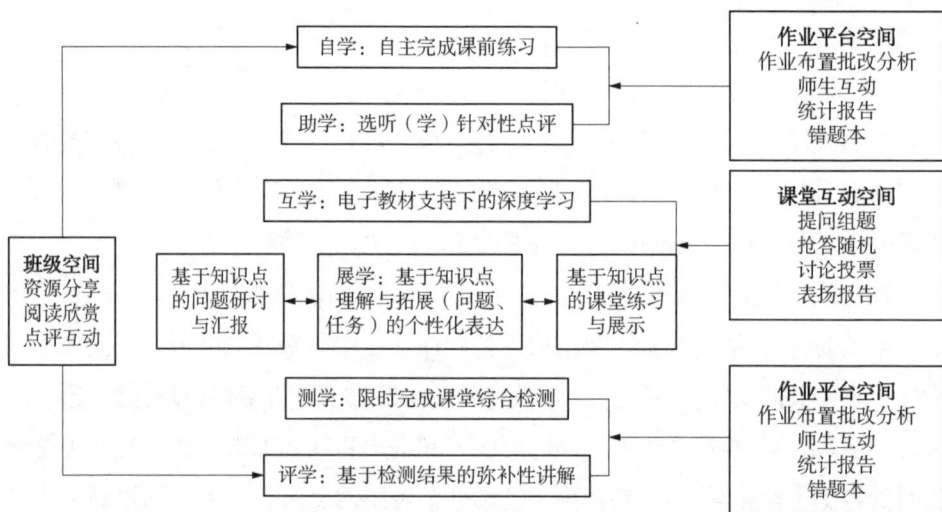

图 3 三空间下的六学流程

（1）自学——自主完成课前练习。学生通过自学，课前重点完成教师编写并发布的"课前练习"。教师编制课前练习的原则是：题目难易适中，可以略微偏难，需融入已学过的相关基础知识，与将要学习的各知识点的基本问题相对应。

（2）助学——助力针对性学习。学生通过查阅课前练习的批阅情况与推送内容，有选择地听练习讲评，或阅读所推送的资料。教师通过"作业批改"和"作业分析"，推送关键性点评与讲解。

（3）互学——进行平台支持下的深度学习。学生借助电子教材，以及班级空间中的卡片式学习资料（或问题或任务），开展人与数字化资源、人与人之间的多元互学。教师立足电子教材"备课"，对课本上一些关键语言进行预设性突出，在电子课本适当的位置充分补充理解性或拓展性材料。

（4）展学——基于知识点理解与拓展的个性化表达。学生立足特定知识点或问题任务，展开基于平台的开放式学习，表达与展示学习的成果或结果。教师通过"互动"，对提问、习题、主题等进行平台练习、抢答、随机抽查、讨论、投票和组间比赛等活动，让每个学生都有表达与分享的机会。

（5）测学——限时完成课堂综合检测。学生完成教师课前编好的综合检测题。

（6）评学——基于检测结果的弥补性讲解。学生进行错误订正、弥补性巩固，以及进一步建立知识的联结。教师基于测评数据进行精准分析与讲解，以及对学困生进行个性化辅导，形成个别化交流互动机制与习惯。

总之，学校 C－STEP 学习由创新性提出到试点突破，再到辐射与推广，以及逐步百花齐放并升级迭代，较好地诠释了现代教育转型发展下的教育活力。学校云课堂下的个性化学习实践成果于 2017 年荣获上海市级教学成果一等奖，同时学校被评为"上海市教育信息化应用标杆培育校"。学校教学质量逐年稳步提升，"知书达礼、信息见长、充满活力"的育人目标有了新内涵；学生学习的能动性、积极性、创造性和学习力有了明显的增强。

二、赋能育德活力：技术助育综合素养，引领幸福学习生活

学生综合素质评价的完善与逐步落地，是助育学生综合素养，引领学生健康成长与创造幸福学习生活的重要方略。其中，信息技术发挥的不仅是平台的记录与终结性评价功能，更多的应是在教育活动过程中最大化地传播并赋予生命成长的力量与幸福（见图4）。基于学校教育活动的学生综合表现，如特色特长、青春阳光、美好坚强等，都可适当依托信息技术来赋能，如可视化、放大、参与、分享和传播等，从而实现教育的最大力量和最好信念。

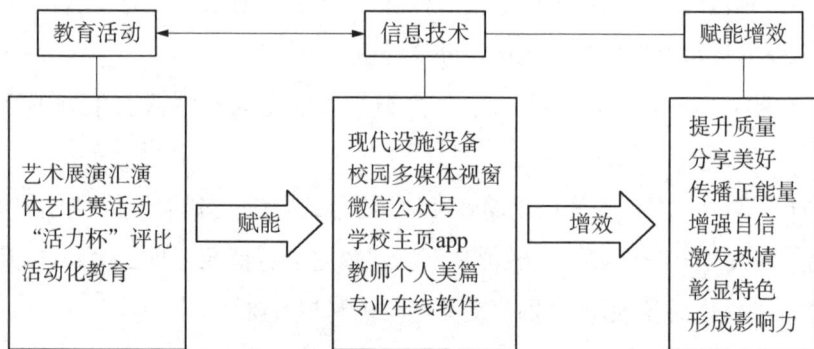

```
教育活动 ◄────────► 信息技术          赋能增效

艺术展演汇演        现代设施设备        提升质量
体艺比赛活动        校园多媒体视窗      分享美好
"活力杯"评比   赋能  微信公众号    增效  传播正能量
活动化教育          学校主页app         增强自信
                    教师个人美篇        激发热情
                    专业在线软件        彰显特色
                                        形成影响力
```

图4　信息技术赋能育德活力——提升、分享与传播的力量

（一）技术赋能可视化呈现，让才艺精彩展示与分享

学校一贯重视五育并举，有各种文艺汇演和表演活动，充分展示学生的才艺与情怀，如一年一度的迎新艺术节、五月歌会、运动会入场表演等。信息技术对学生才艺的赋能，一方面表现在信息技术能增加节目的视觉效果和艺术效果。学校坚信，舞台展示是培育学生综合素养的最好体验！一个节目，从构想到创造，从排练到演出，如何融入现代要素，如何应用现代技术支持，都需要模仿学习和自我创

新。从某种意义上讲,一个节目的诞生,就是一个微课程的形成;艺术节目就是一门重要课程。

另一方面,借助信息技术,适时地把学生精彩的才艺节目传播分享出去,影响更多的人,使学生产生更多的自信。学校充分重视传播的力量,不仅向全校现场直播大型才艺汇演,而且在最短时间内剪裁编辑一个个节目的视频,通过学校微信公众号推送并开放投票,最后结合现场评比和网络投票,选出学生心中的优秀节目。

总之,现代信息技术不仅能赋予节目本身以内涵与美妙,提升艺术节目的无穷魅力,而且还能将"新鲜出炉"的节目分享和传播出去,从而影响更多的欣赏者,也更好地激发节目创造者的自信。

(二) 技术赋能便捷传播,让活动热情点燃与放飞

学习活动是一种主题性生活,为了推广普及或评比交流,学校不仅需要好的结果,更希望留有精彩的过程,以及放大精彩的过程。对此,学校各楼面的多媒体视窗通过有计划地主题性录制、剪切和推送播放,为各种教育活动的宣传推广,以及形成良好氛围起到了重要作用,更好地实现了以身边人影响身边人,即教育的润物细无声的效果。

如学校派队参加区广播操比赛,参赛人员在较长一段时间内需要利用课余时间紧张排练,为了给他们鼓劲,学校适时地拍摄训练花絮,既突出他们艰苦训练与一丝不苟的精神,也彰显他们的青春阳光与活力。同时,配以略带夸张的文字解说,不断在学校多媒体视窗滚动播放,常引来不少同学驻足围观并发出由衷的赞叹,也常让参加训练的学生更有动力和荣誉感。

从某种意义上讲,基于学校多媒体视窗推送的现代信息技术运用,对于提升学生参与热情、学习动力、成就感和幸福感有重要作用,这也是现代传播与分享的

教育力量。

(三) 技术赋能展示美好,让生命自信张扬与提升

一年一度的"活力杯"比赛,是统领学校教育教学特色的重要舞台。由最初的分文理"活力杯"书面试题竞赛,到现在结合时代热点的"经典吟诵""外语配音""民歌大赛"等节目或作品比赛,信息技术在其中起到了关键作用,既丰富了学生的学习情趣,又拓展了学校的文化内涵。

如学校举办中英文"经典吟诵"比赛,分别由语文与英语两个教研组具体落实。班级任课教师利用课内外相结合的方式,一方面指导学生团队选择主题、确定篇目、筛选背景音乐与画面渲染等,另一方面兼顾吟诵技巧与表演技能,让学生去参照、模仿并自由发挥。在班级进行交流性初赛的基础上,教师对参加校级"活力杯"的作品进行精心指导,学生尽力打磨、不断完善,同班同学也积极参与,出谋划策。正式比赛的时候,他们又成为最有激情的观众。在将这些作品搬上学校大舞台或在网络空间分享时,其传播速度与影响效能无与伦比。

移动互联的信息技术,让教育活动过程与结果的记录、展示、呈现和分享更加生动,有效促使学生创造更美好的作品,表现更优雅的形象,从中发现自己的天赋,找到自信,获得兴趣与喜好,深深体验到岁月的激情与学习的幸福,从而让生命与生活拥有了更好的存在感、获得感和价值感。这就是技术赋能教育活动的活力,也是"仙霞学子"总能表现得阳光、欢快和大度自信的教育密码。

三、赋能课程活力:技术助力课程建设,引领师生共同成长

一所学校的发展,关键是课程的提升;一所学校的特色,核心是课程的特色;学校教育的竞争力,归根到底是课程的竞争力。随着信息技术与课程的融合发

展,学校特色课程的内容不仅更加丰富,越来越多地通过数字化形式呈现,而且课程的形态、实施与评价也产生了相应的变革。

(一) 视觉艺术,技术融入课程实施

围绕"信息见长"的办学特色,学校从 2011 年起在各年段开设了"视觉艺术"课程。它是一门"艺术"与"信息技术"相融合的校本课程,经历了由开设视觉艺术实验班到全校普及,由课内学习延伸到课外实践,由单一任务转向综合项目,由书面考核转向多元评价的过程。不仅让课程惠及了每一位学生,也让课程变成了一种独特的校园生活和校园文化。

"视觉艺术"课程的学习,是典型的基于信息技术的项目化学习,具有实践性、创作创意性、团队化、数字化四个特点。首先,是基于视觉艺术作品的实践性学习,突出了作品的实践性,即源于社会生活,服务于生命成长;其次,突出了作品的创作创意性,让作业转向为作品,以作品呈现学习结果,以作品质量评价创新创意学习品质;第三,是指导教师和学生团队的合作化学习,学生团队的项目化学习,有专业导师团队,包括语文、美术、音乐、信息等学科教师融合支撑,成果是以学生为代表的团队的成果;第四,是信息技术对学习内容、方式、过程和结果的支撑,深度体现了学习的数字化。

(二) 慕课课程,平台助力课程生长

立足建设"课程超市"的理念,学校创建了 C‑STEP 学习平台,即学校慕课平台,为研拓性课程的校本学习提供了技术支持,让学生利用课余时间进行碎片化学习,并根据学习情况进行评价与数据分析,以及在对数据进行分析后向学生推送自适应的学习或拓展类课程。

立足"与课程共成长"的理念,依托 C‑STEP 慕课平台,学校在实践中形成了

校本课程建设经验,即"任务驱动—分享交流—实施完善—专家引领"的操作流程。(1)聘请课程专家为学校顾问,依托系列课程专题讲座,提升教师对课程的认识、设计、开发与实施能力;(2)以基于校本培训作业"课程设计与开发"为项目,引导教师进行校本课程设计,帮助教师实现由尝试到整体设计校本课程的专业成长;(3)课程专家对教师完成的课程设计,进行审阅把脉及个别化指导;(4)定期举办课程分享会,由课程、教育和学科专家共同参与,使不同学科教师之间相互借鉴和学习;(5)在实施中走向完善,把互动交流中学到的方法和策略在实践中加以创新性应用;(6)形成案例,通过反思、总结和提升,学校和教师都能不断地讲述校本课程开发、运作、成效、成果的精彩故事。

(三) 扫码课程,便捷课程辐射传播

基于扫码课程的扫码学习,与网络下载学习相比,优势主要有以下几个方面:一是对多个网址进行主题式编辑,更能提纲挈领,且可编成目录导航,便于统揽性学习;二是可实现小文件大容量,即通过一个小小的二维码"窗口",可编辑大量相关链接,汇成一个体系;三是随时可以对内容进行更新、重构。

一个名片式二维码,可以是一种阅读材料或微课,也可以是一次综合性作业,还可以是一个专题甚至是一本电子书式的体系内容。学生既可总体浏览有哪些内容,又可选择性地看哪一项内容。如学校地理学科曾以二维码的方式,编辑了系列"地理老师带你游走世界"课程,有计划地推送给学生学习。坚持学习内容的二维码分享与推送,对学生学习是一种有引领性的拓展,对教师是一次有挑战性的积淀成长。

当今信息技术的应用趋向是无处不在且无缝对接,现代课程的灵活性与生成性将越来越显著,基于此,我校学生课程的可选择性、体验性和参与性也将越来越常态化。不久的将来,学校课程将无处不在,学习必趋向自主泛在;教育将无所不

在，生命成长必追求活力永在。在信息技术不断升级迭代的趋势下，教育的诸要素势必越来越开放而不乏统整，越来越灵活而不乏融合，越来越精准而不乏情怀，从而能更好地承载学校课程多元开放、育人方式变革的态势，彰显教育新活力。

王健　上海市仙霞高级中学数学教师　教龄 23 年

11. "活力管理"与"教师专业自觉"的完美相遇

　　随着我国教育改革的不断深入,学校管理的理念和方式正在经历从外延到内涵、从粗放到精细的转型。学校管理是一种有目的、有导向的主观行为,教师队伍建设及其专业发展是学校管理的重要领域。如何以有效的学校管理激发教师的专业自觉意识并赋予教师专业发展的持续动能,以学校管理的系统变革打造适应新时代学校高质量人才培养体系要求的专业化教师队伍,越来越成为亟待思考和破解的实践性命题。上海市宝山区第二中心小学在"活力管理"与"教师专业自觉"的完美相遇中,探索形成了指向教师专业自觉的学校活力管理实践路径,实现了学校管理方式的变革。

一、教师专业发展的现状概述

　　教师专业发展是教师的核心使命,近年来,随着教师专业发展理念和范式的转型,学校本位的教师专业发展越来越受到推崇。为准确了解各年龄阶段教师的实际状况,我们以占学校教师总数近90%、教龄30年以下的教师为对象进行了针对性调查,调查结论显示:

首先,教师具备一定的专业自觉意识,但专业发展的自觉行为相对不足。教师普遍认为自己在专业发展上无论从社会需求、学科专业还是学科综合能力等方面都有不足,均具有提升的必要性,但是能够在日常工作和生活中主动思考专业发展问题并付诸行动的教师比例不高。

其次,教师对学校的专业成长支持总体满意,但也存有改进的期望。绝大部分教师认为校本教研或学校平台对其专业发展的推动是积极、有效的,但同时,教师们认为在繁多的工作内容后还要进行自我加压式的学习和研究较为困难。希望学校能够通过制度的创新、管理的变革等厘清教师的工作职责,明确教师的专业发展要求,为教师成长提供更具针对性的帮扶。

最后,教师对专业成长的路径期待比较多元,希望自身的个性化需求得到满足。绝大多数教师觉得聆听专家点评时都感觉受益匪浅,但过后很难将这样的理念落实于课堂。教师们希望有更多典型课例的分析与学习,同时,超过90%的教师提出更希望接受个性化的培训内容。此外,教师普遍欢迎针对性较强的个性化评价,希望评价能够对其改进教育教学行为有帮助,对教学改进评价机制及搭设平台等方面的工作比较赞同,乐于得到全方位的管理与指导。

综合调查结论,我们发现,学校教师整体上具有较强的专业发展意识,但是这种意识如何转化为专业成长的自觉行为需要学校管理的系统保障。教师活力的激发是教师专业自觉行为养成的基础,通过上述调查,我们发现教师发展活力不足的问题主要体现在行动层面,即教师不能以积极的行为谋求专业发展。由此,我们希望通过学校的活力管理,建立学校管理与教师发展的内在关联,以"活力管理"提升学校"软实力",推进教师队伍的长效发展。

二、基于活力管理激活教师专业自觉的学校管理方式变革

(一) 总体框架

通过活力管理激活与增强教师专业自觉的实践。在实践过程中,通过完善原有管理制度,形成新的制度,其中包含:师本微课程开发制度、教师自我研修制度及协商性评价制度。同时,从管理的角度呈现了一些循序渐进的实施基本环节和教师专业成长要素,在实施框架下形成管理的运作框架(见图1)。

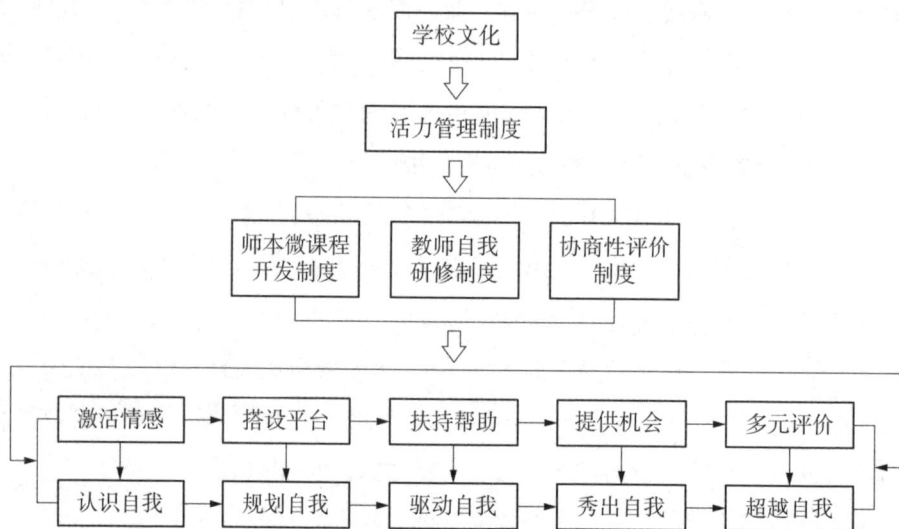

图 1　活力管理运作框架图

(二) 实施路径

经过几年的活力管理制度的落实,学校厘清了一条活力管理推动教师专业成长的基本路径。其内涵是在管理中以平台、舞台等形式驱动教师专业自觉发展的

内动力,并且在任务、活动中推进多元评价方式的完善,以制度为保障,让每个阶段的教师都有向上发展的愿望和空间。

图2 活力管理运作框架

在具体的实施过程中,活力管理文化是内核,学校从"互悦、互尊、互勉、和谐、共进"的活力管理文化中衍生出24字教师活力管理思想:"尊重差异、相信潜能、搭建平台、欣赏成功、激励内驱、助力成长",作为教师活力管理的精神内核;制度建设是支撑,基于维持教师专业自觉的实践需要,学校建构了指向教师专业自觉的活力管理制度,包括教师自我研修制度、师本微课开发制度等;评价改革是保障,基于新时代评价理念,建构多元化的教师评价体系,旨在改变"唯学生分数""唯获奖""唯论文"的传统观念,改变校方单向评价教师的方式,鼓励教师积极参与教师业绩评价,并且就评价的方式、内容和结果与校长进行协商,确保教师业绩评价程序的公平公正,提升教师专业认同感。

（三）基本策略

经过研究,针对活力管理运作框架中的基本环节和成长要素,以教师专业自觉标准为对照,我们共整理、提炼了5项基本策略(见表1)及其操作要点。从内驱激发到外引推动,对学校管理进行有目的、有层次的落实和细化,促进教师个体在与教师群体的互动中,推动教师专业自觉的实现。

表1　活力管理5项基本策略

	对应活力管理基本环节	对应活力管理成长要素	基本策略
策略一	激活情感	认识自我	自我设计与规划发展策略
策略二	搭设平台	规划自我	活力管理助推策略
策略三	扶持帮助	驱动自我	团队合作互动策略
策略四	提供机会	秀出自我	关键事件触发策略
策略五	多元评价	超越自我	协商评价引导策略

1. 自我设计与规划发展策略

自我设计与规划发展策略是指活力管理运用多种方式激活教师职业内驱力,增强教师专业自觉的能力,实现教师自身的专业发展。该策略强调专业自觉中的教师主体内因的重要性。

【实施本策略的操作要点】

① 尊重教师专业自觉的主体是教师本人,而不是希望他自觉的人。

② 引导教师深化对教育工作的认识,增强实践的能动性和自主性。

③ 摒弃教师只是执行工具的想法,充分发挥教师在教育工作上的领导力。

④ 鼓励教师对自身认识及实践行为、能力的自由把握与驾驭,超越自身发展。

⑤ 教师自觉发展的主体性是教师与工作环境的交互发展。

如学校在"活力管理"理念的指导下,创新教师培养机制和培养模式,开展了两年一轮的"宝山区第二中心小学发展中心组"培养,鼓励每一个有发展意愿的教师自主申报。在申报时,教师可以根据自己的特色、特长对自己的"跟岗意愿"进行选择。经过自主申报—现场答辩—民意测评—校级审核一系列流程后,被遴选出的"发展中心组成员"可以参与到学校行政管理的跟岗实践中。这一举措让一批愿意奉献、积极进取的高成长性青年教师在各种岗位的锻炼与各种任务的加压中迅速成长,同时促进中层和基层的有机融合,打造奋斗的团队,传播正能量。

2. 活力管理助推策略

活力管理助推策略强调专业自觉中的外部环境的重要性,即学校的教师管理要有助于教师专业自觉发展,注重引导而不是强制。以"建章立制、标准内化、项目合作、组队发展"为指导思想,以"学科负责人"机制的建设为突破,以"精细化管理"为保障,实现从"理念统一"到"行动创新"的专业孕育。

【实施本策略的操作要点】

① 以宽容和信任激发教师的独立性、主动性,使其敢于发表不同意见。

② 不仅在教育教学结果上,而且在工作过程上平等对待每一位教师。

③ 在学校中创设民主氛围,形成鼓励教师创造性工作的制度。

④ 关注教师专业发展的需求,充分授权安排任务,为教师进步及脱颖而出提供机会。

⑤ 鼓励教师参与校外各类专业活动、学术活动,拓宽视野,增强专业自信。

随着学校的发展,涌现了一批在教学方面表现优异的新生代教师。为帮助这批教师趁势发展,实现从教学行为的演绎到内化为自我教学思想的转变,学校开展了"星徒带教计划"。以领衔学校各学科发展的分管教师和明星教师为第一梯队导师,进行把关;以本学年在各类教学大奖赛和展示活动中表现优异,展现出优质发展潜力的新星教师为对象,组成第二梯队的带教导师,负责具体备课指导;以五年以内教龄的新教师为第三梯队的徒弟,形成多级星徒带教梯队。这一制度有效推动和增强了教师专业发展的速度和成效。

3. 团队合作互动策略

团队合作互动策略是指通过增强活力管理的感召力、凝聚力,促使教师在与团队的互动、合作中进行专业自觉的对照,并获得支持,提升自我效能感,增强专业自觉的自信。团队合作互动策略把主体与环境互动凸显出来,强调教师个人是在与外部环境互动中成长起来的。

【实施本策略的操作要点】

① 建设教师相互依存、共同发展的共同体,推进优秀教研组建设。

② 在项目组中采取目标导向,分工明确,共同完成任务。

③ 学校大力提倡对话合作方式,并使之稳定化、持续化。

④ 关注教师中的弱势群体,例如教学能力较薄弱者、有职业倦怠者、新上海人教师等,帮助其调适失衡的个体处境。

⑤ 关注群体中的教师个体角色,促进教师在专业发展中的角色新构。

音乐教研组在学校整体文化的熏陶下,形成了"提倡张扬个性、彰显生命活力"的教研文化。该教研组以"基于问题解决,设计促进教师专业化发展的活力研修"为宗旨,以研究"单元整体视域下的教学设计"为载体,激发组内教师对单元教学的相关规格要素进行梳理,自主研发了各项工具表(见表2),了解每次教研活动后教师们"研得"和"习得"的内容,并从"研得有趣""研得有获""研得有悟""研后还想研"这四个方面进行评价,以改进后续的教研工作。

表 2　音乐教研组研修习得评价表

研习状态		评价依据	评价标准	评价结果		
				有帮助	一般	没帮助
研得了(了解了、经历了、思考了)		研修内容适合教学实际,关注教师需求	任务明确、研习充分、合作交流有反思			
习得到(学到知识、获得感悟)		研修目标达成需经过不断思考理解	尝试探究、问题解决、质疑析疑有领悟			
研得好	研得有趣	积极、有愉悦感	气氛和谐、发言踊跃、媒体辅助有互动			
	研得有获	研习能力得到锻炼和提高	思维活跃、应对有据、活学活用会验证			
	研得有悟	能力得到发挥,经验得到积累	理顺知识、感知经验、理解规律有积淀			
	研后还想研	积极性得到调动,研习欲望得到激发	主动寻问、关注未知、潜心钻研有自信			

4. 关键事件触发策略

关键事件触发策略是指有效把握教师个人发展经历中的"关键事件"。关键事件经常发生在教师的变化和选择时期,是对教师职业产生自我挑战的重要因素。这其中主要包含了在教育教学中对教师专业以及专业自觉的观念、情感态度、行为产生深刻且持续影响的具体事件,会引发教师专业自觉的发展阶段的递进。

【实施本策略的操作要点】

① 引导教师关注自己专业发展过程中关键阶段的经验,增强这些事件对教师专业实践知识再建构与发展的影响。

② 对关键事件出现的情境、情节描述、相对完整的事件过程、事件的结果、当时这么做的原因、自己的情绪反应等作系统把握。

③ 以多视角提问的方式让思考更深入,思维更清晰,分析更透彻,判断更准确。

④ 寻找相关的理论并据此检验教师自己在处理关键事件中的得失,同时对比分析他人处理相关事件的经验,将其凝练成自己的新认识。

⑤ 引导教师通过关键事件,转变教育观念,改变教育行为。

比如:学校管理中为了促使不同层面的教师共同成长,尤其为了推动处于职业倦怠期的经验型教师的专业发展,采取了师徒带教共成长的管理措施。成为"师傅"的老师们似乎产生了新的动力,这是触发其自觉成长的"关键事件"。

> 1998 年,我成为一名光荣的人民教师,一年前,由于身体原因,我一度离开了自己的岗位。再次走上三尺讲台时,我感到了些许疲倦,或许是因为身体尚未完全恢复,也或许是因为感觉到了职业倦怠。工作二十几年的我自感教学工作已经得心应手,自己所积累的经验也足够用到退休了。这时,我接到了工作以来的第一次带教任务,正是这次任务让我重新认识了自己,并再次燃起了对教育的热情。做了这么多年的"老师",面对的都是学生,而这"老师"的"老师"我还是第一次做。肩上的责任让我把先前的倦怠一扫而光,我仿佛找回了第一次站上讲台给孩子们上课的感觉。我把这个过程视为互相学习的一个好机会,相互交流,相互促进,共同成长。
>
> ——一位教龄 25 年的数学教师的带教体悟

5. 协商评价引导策略

协商评价引导策略是指依据活力管理的原则,在对教师专业自觉的评价中采取被评价者与评价者之间的对话与协商，以达到促进被评价的教师专业自觉上的进步。该策略关注人的发展，关注过程中的人际关系，强调教师自觉的自主与意愿，是一种帮助、一种建议，不是命令，不具有强制性。

【实施本策略的操作要点】

① 在评价上要避免过度强化鼓励性评价，而缺乏就评价问题开展实在的协商讨论；也要避免外部评价过于刚性，使得教师这一评价主体实际上变得弱化。

② 协商性评价的双方要有正确的关系定位，被评价者与评价者之间是平等的关系。

③ 协商性评价采用的是讨论的方式。这种评价不是下结论，而是一种帮助和建议。

④ 协商性评价在于转变教师的思维方式。要帮助教师转变看问题的角度，调整看问题的方法，建立新的思维模式。

教师参与协商性评价后，能感受到学校管理上的改变，在自主创新的氛围中被赋予了更多的自主权。青年班主任骆老师在学校组织的一次班主任培训中，惊喜地发现培训形式不再是单向的"经验交流"，而是借助生动的"微视频"开展双向互动。她在培训笔记中写道：

我看到平时呈现在纸上的一个个事例变成了一部部小电影，有文字，有讲解，有学生的真实表现，有教师现场的教育机智。培训结束后，我立即向同事学习制作微视频的方法，并且在接触微视频的过程中，在微信公众号上订阅了微视频，主动进行学习，尝试微课堂之快乐作文的制作，即通过短短几分钟向学生介绍作文的写作方法或优秀作文范例，每周在班级群中交流，激发学生课后学习的欲望。收集孩子们日常活动的素材，制作成视频在课堂上或QQ群里播放，既让学生感受在集体中学习的快乐，也让家长及时了解孩子的在校生活。每次制作微视频时我都深刻反思，精心加工，力求将我工作中最大的亮点呈现出来。也许有人会说这样做很辛苦，但我丝毫没有觉得累。学校欣赏每一位老师，注重我们的感受，尊重我们的付出，鼓励我们不断创新，这使我们有着极大的工作动力。

三、结语

教师专业自觉是当下教师专业发展的重要范式转型。提升教师专业自觉，不仅需要教师主动的思想和行为变化，也需要以学校管理理念和方式的变革作为保障。从上海市宝山区第二中心小学的实践来看，对于教师专业发展及教师活力的激发，必须要以开放、包容并充满活力的学校管理作为支撑。在这个支撑体系中，活力管理的文化是精神内核，活力管理的制度和评价体系是运行保障，活力管理的具体方式则是提升教师发展活力的基础。着眼于未来，我们要从学理上进一步论证活力管理与教师专业发展之间的内在契合程度，并进一步厘清活力管理范畴下教师发展路径与策略之间的逻辑关系，以系统论和现代治理的思维方式构筑支持教师活力发展和专业成长的活力管理体系，实现学校管理变革与教师专业成长更深层次的和谐共鸣。

参考文献

[1] 钟启泉，岳刚德.学校层面的课程领导：内涵、权限、责任和困境[J].全球教育展望，2006,35(3)：7—14.

[2] 杜芳芳.教师领导力：迈向研究日程[J].外国教育研究,2010,37(10)：62—67.

[3] 李淑龙.谈运用活力管理克服图书馆员职业倦怠[J].山东女子学院学报,2011(4)：

90—91.

　　［4］王建军.学校转型中的教师发展［M］.北京：教育科学出版社,2008.

　　［5］舒志定.论教师的专业自觉［J］.教师教育研究,2007(6)：10—13＋23.

　　　　谈莉莉　上海市宝山区第二中心小学校长　教龄33年

12. 学习契约：提升教育活力的新策略

学校教育需要活力。通过一定的方法，引导高中生自我挑战，不断提升自己的学业水平和学习能力，让学生之间形成你追我赶、良性竞争的局面，这就是一种教育活力。通过学习契约能提升高中生的学习内动力，提高其学习自我管理能力，从而提升这种教育活力。学习契约源于心理契约。心理契约其实就是一种心理期望，对积极主动完成某项任务有着非常重要的作用。通过对一所农村普通高中的部分学生进行调查，我们发现约85％的学生对自己学习的心理契约是真实存在的。充分利用心理契约，将有助于提高教育教学质量。但心理契约的内容毕竟是不成文的，也无人知晓，学生存在违约也"无法可依"的心理，导致对学业水平的提升效果不太明显。若将学生学习的心理契约内容转化为文本的学习契约来管理学生，就能提高学生的学业水平和学习的自我管理能力，从而提升教育的活力。

一、教育活力源泉：学习契约实践框架的建构

学习契约是学生对自己学业期望的一种固化形式，它不同于常用的学习计划。虽然两者的相同之处是制定本学期或近阶段的目标，但学习计划往往停留在粗线条状态，也没有具体实施步骤和履行措施，这就为学生"偷懒"提供了一个借口。最终达到自己目标的学生肯定是有很强自制力和学习动力的，但往往是少数。这使得多数的学习计划成为"空学计"。而学习契约是细化的、有详细实施过程的、在教师或同学的监督下实施的且有一定自我约束和自我促进作用的学习约定。这对激发学生学习内动力、促进学生自我管理有一定的推动作用。若学生能将制定的行动路线落实在学习上，并不断提升目标，那么对提高学生的学业水平、形成良性竞争的局面有很大的帮助。学习契约能提高学生的学习自我管理能力，不失为提升教育活力的一种新策略。具体的实践框架建构如图1所示：

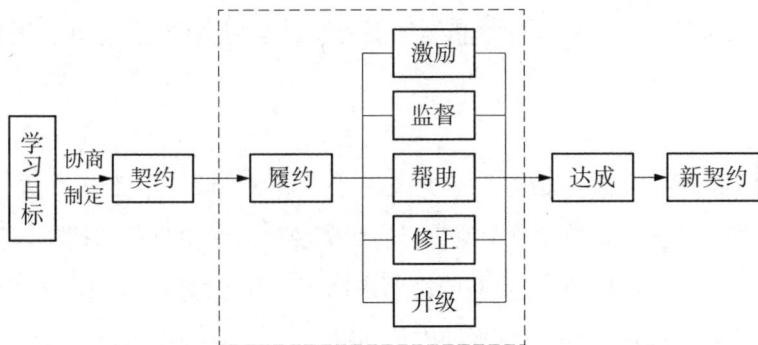

图1　学习契约的实施策略

二、教育活力生成：学习契约策略的实践

对于学习契约的实施，不可操之过急，更不能强迫，否则可能会适得其反。具体实施策略如下。

（一）选择时机，促成契约

每学期初，学生总是对自己学业有一定的期望，这就为学习契约制定创造了条件。但学生对于外界的介入还是存在防范甚至抗拒心理的。所以，学习契约达成的时机是非常讲究的。时机得当，学生不但不反对，还会主动要求教师对其进行外部监督；但若时机不当，就是有千万条理由，学生也会拒绝。因为学生怕形成无形的"紧箍咒"，万一做不到，就会被戴上不守信用的高帽。选择什么时机最好，从学生的问卷调查中可知，学生在考试后和开学初对自己做出心理契约的比例各约为 76.4% 和 15.0%，这说明要和学生达成契约，考试之后应该是绝佳的时机。因为在考试之后，不管是进步还是退步，学生都会对自己上阶段的学习进行审视，并期望下次考试考得更好。这时和学生提出制定学习契约，学生更易接受，也符合学生自己的意愿。

（二）协商内容，制定契约

学习契约其实是将教师对学生学习的期望转化为学生自己的期望，以激发学生的学习内动力。所以，师生要共同协商来制定。具体做法是：先让学生分析自己目前的实际情况，确定短期目标和中长期目标，按一定的要求，初步制定近阶段的契约内容。然后教师按非同质性对学生进行分组指导，并对每一位学生的学习契约进行点评，必要时还可以通过师生一对一商讨来确定，以让学生明白教师的

期望,明确自己的奋斗目标。但学习契约的建立,必须在尊重学生独立人格的基础上。这样,既有助于建立民主平等的师生关系,也有助于培育学生的契约意识和契约精神。学习契约要纸质化,形成文本契约,以便能随时查阅,以免口说无凭。这对学生来说,也是一种很好的约束。时间一般持续到下一次考试为止,以免出现因时间过长而遗忘等"扯皮"现象。

学习契约是适合所有学生的。契约的内容可根据学生不同的学习起点、不同的学习目标以及不同的性格和自我约束能力等来制定,一般包括目标和措施。制定的学习契约根据主题分为:自觉守纪型契约、主动学习型契约、自主发展型契约等。

案例:高三学生甲的自主发展型契约

学习成绩较好的学生,学习上一般都是自主努力的,但会出现瓶颈期,可能在学习策略上有所欠缺,所以教师可与其签订自主发展型契约。

高三(2)班×××学习契约

为了进一步提高化学学习成绩,并在高考中争取获得好成绩,现制定如下契约。

一、目标:力争下次考试化学成绩进入年级前五。

二、措施:

1. 上课前,我能对学过的相关内容进行复习回顾。

2. 在课堂上,我能做到及时记录知识要点和听不懂的内容,并能接受不同的观点。

3. 在课堂上,我能仔细观察老师的演示实验,并积极思考,积极回答问题。

4. 课后,我能及时弄清楚课中的疑问,每周至少向老师提三个问题。

5. 课后,我能就碰到的问题和同学进行讨论。

6. 我自己经常会对知识进行分类整理,并经常反思自己的学习过程。

7. 对于错题,我会经常去思考、整理。

8. 每天坚持做至少 6 道课外题。

三、保障:

1. 熟记目标和措施,经常对照检查。

2. 请老师和同学监督、提醒。

制定学习契约是为了让学生自觉养成良好的学习习惯或掌握一定的学习策略,同时又能对自己的学习不断进行反思,让学生在反思中改变,在反思中提高,但不能为了与同伴竞争而制定不切实际的契约。因为它像是一把"达摩克利斯剑",高悬在学生头上,可能也会伤及学生。当然,制定的学习契约尽量应简单明了,易操作,不要制定如"我上课要认真听"等模糊不清又不能鉴定的内容。

(三) 监控过程,履行契约

尽管师生双方在协商的基础上制定好了学习契约,但由于环境和自身条件等因素的变化,以及可能出于自身利益考虑,或存在机会主义倾向,或遗忘等原因,学生会出现不同的履约行为。通过调查发现,为了能实现自己的学习契约,当出现遗忘时,希望采用他人暗示、语言提醒、大声呵斥等方法来警示自己的学生都有一定的比例。而"遗忘就算了,当作没有约定过"的学生毕竟是极少数的,大多数学生还是希望能继续履行契约的。由此说明学习契约的达成需要有外部强有力的监督,这样才能促使学生特别是意志不坚强的学生达到自己所制定的目标和措施要求。为了加强外部监督,学生的学习契约内容要公开。虽然目标可以不公开,但所制定的措施应该公开。学生履约的外部监督,可以是教师,也可以是学生,但要以正向鼓励为主。具体方法包括"我与同学找差距"(对履约过程进行一次自我检查和反思活动)、表扬先进学生等,但在履约过程中还可能存在以下几种情形。

1. 履约困难——帮助

对于学习基础较差或自制力较差的学生,可能在履约过程中会出现问题,需要教师关注、帮助。若任由其自行发展,可能会出现违约情况。调查表明,有96％的学生认为,既然选择签约,当然就不希望违约。但有的学生因能力有所不及,自行履约确实有点困难,而在外界的帮助支持下,还是有希望达成目标的。那么,教师就要在适当的时候,给予适当的知识或方法上的帮助,以促使学生在规定的期限内履约。

2. 违约必然——修正

如果学生制定了过高要求,违约就成必然。从问卷调查中得知,学生违约后想重新开始的占了51.2％,说明大多数学生还是希望兑现自己曾作过的承诺。也有相当一部分学生只知道后悔,但什么都不想做,这说明了违约带来的后果对学生的影响还是蛮大的,所以违约修正就显得特别重要。教师要和学生面对面分析其深层原因,尽量消除消极影响,适当减少或降低要求来重构学习契约,让契约能继续维持。但学习契约的修正只能是局部的,不能有较大的改动,否则可能会对学生的成长不利。

3. 定约过低——升级

对于学习能力较强、履约良好的学生,或原来制定的契约要求较低的学生,要对其学习契约进行适当升级,以促进学生进一步发展。这是一种奖励、鞭策,但要注意策略。教师要和学生讨论分析现状和潜力,并征得学生本人的同意,适当升级契约。教师切不可单方面随意升级,否则学生会认为教师违约而拒绝接受,甚至背道而驰。若学生不愿升级契约,那就只能等这个周期完成后,在重新制定下一轮契约时，提升相关内容。升级契约可以是目标升级，也可以是措施增加。

(四) 评估措施，达成契约

在完成一个周期后，需要对学习契约实施情况进行总结评估，以评判履约过程中的经验得失。评估应该从积极的方面进行，对于负面的，尽量少提，以保护学生的上进心。评估也应重过程，轻结果。方法是先由学生对自己的目标、措施进行自我评估，再进行小组互评，最后由教师终评。对于能达成自己所制定的措施及目标的，可以予以精神奖励或适当的物质奖励。其实目标有没有达成并不重要，重要的是学生有没有认真履行自己所制定的措施。而对于没有达成的，要进行约谈，但以鼓励为主。总结评估可进一步促进学生的自我反思，从而提高其学习自我管理能力，也为制定新契约作好准备。

三、教育活力审视：学习契约实践的思考

经过多年的学习契约实践，我们形成了学习契约实施的策略，这使得师生之间的沟通渠道变得更加通畅了，师生关系更加融洽了，进而提升了学生的学习信心，提高了学生的学习成绩，也激发了学校的教育活力。

(一) 促进教育活力的再次生成

学习契约促进教育活力的再次生成，不是一蹴而就的，学生需要一个逐渐适应的过程。教师可从学生熟悉的学习计划入手，提供各种类型学习契约的"模板"给学生参考，让学生在学习计划的基础上，细化为可操作、可鉴定且能达到的学习契约目标和措施。教师需要对每位学生的契约内容仔细审视，结合学生的个性特点和学习类型，提出修改意见。在实施过程中，可能会出现内向的学生上课羞于

主动回答、外向的学生容易忽视契约的约束等情况，教师需在适当的时候、用适当的方法提醒学生，甚至创造条件，让学生尝到契约达成的甜头，以激励学生履约。总结评估时，可将学生的措施分成完美达成、基本达成、未达成三个层次，以免流于形式。在此过程中，学生会感受到自己的缺点和优势，学会学习的自我管理，并形成良性竞争的局面，使教育活力再次生成。

（二）凸现教育活力的学生主体

从制定契约的自我认知、履行契约的自我管理，到评估契约的自我反思，无不体现了学生的主体作用。教师要摆正自己的位置，制定契约时做好引导作用，不能喧宾夺主，更不能替学生包办。在学生履约过程中，教师应该成为学生发展的帮助者和促进者。若学生偏离契约要求，教师要用适当的方法，引导学生履行承诺。千万不能因与学生有要约而严厉批评学生，更不能以契约来威胁学生，否则会让学生产生反感进而毁约。评估时，教师指导学生学会判断是否达到契约要求。在所有这些过程中，学生是主角，教师只是配角。当然，在实行过程中，学生可能会出现"搭便车"现象。教师可引导学生相互监督、相互提醒，把权力还给学生，以提高学生的自我管理能力。

（三）提高教育活力的最大限度

通过学习契约的制定、履行和评估，能让学生为自己制定一份个性化的学习契约并履约，以激发学生学习的能动性，使教育活力拓展到边。学习契约的实施，能促进学生自我认知、自我反思和自我管理，也让学生意识到任何时候都应有目标，有目标才有动力；完成了一个目标，要向更高一级的目标迈进；任何时候都应该尽自己的最大努力去学习，努力付出是自己获得成功的前提；要不断地进行自我挑战，才能不断完善自我、发展自我。这样，学生的学习潜能在不同发展阶段都能被充分激发,使得教育活力伸展到底。也就是说,学习契约的实施,能使教育活力的宽度和深度得以延伸,即提高了教育活力的最大限度。当学生学会了自我管理,其学习能力就会提高,从而使教育活力获得了可持续发展的动力。

参考文献

[1] 何婧. 心理契约的研究述评[J]. 社会心理科学,2013,144(3):30—33.

[2] 王晶梅. 试论高校思想政治理论课案例教学中师生的心理契约[J]. 思想理论教育导刊,2010(12):86—89.

[3] 吴小鸥. 论教育中的心理契约[J]. 中国教育学刊,2006(12):8—11.

[4] 兰勇,唐玉凤. 师生心理契约及其教学论意义[J]. 高等农业教育,2009(2):40—42.

江永君　浙江省温岭市箬横中学化学教师　教龄 29 年

第四章

拥抱创意设计的活力

13. "朋辈互助"激活高三学生生涯规划能力

"老师,我想退学,我想复读……"一名曾经教过的学生小 M 晚上发来信息。她是一名已经入学两周的大一新生,到底发生了什么让她如此决绝地想要退学,想要重新选择学校和专业? 在安抚了她激动的情绪之后,我问清了缘由。原来高考志愿是父母帮她填报的,虽然也征求了她的意见,但她当时对院校和专业的认识、理解比较模糊,也没作更多的了解,只觉得应该也是可以的。然而,在进了大学之后她才知道,接下来她的人生要真正面对的是什么,而这些恰恰是她不想要的。

一、路径突破: 同龄人的声音需要被听见

像小 M 这样盲目报考的情况并非个案。在现有的上海高中"生涯教育"框架中,学生会通过课堂、讲座和社会实践等渠道丰富自我认知,增进社会理解,以期能够在最后的高考志愿填报时发挥已具备的生涯规划能力,初步奠定自己的人生

发展方向。但现实情况是,志愿填报需要收集庞杂的关于院校和专业的信息,而这主要依赖家长或者老师通过网络、个人资源等路径来了解。学生不仅难以真正地消化这些被动输入的忠告和建议,甚至还放弃了院校和专业的选择权,限制了其自身的生涯规划能力的发展。教育部教育发展研究中心对高三学生的调查显示,高三学生对于高考志愿中专业的了解程度为"一小部分"和"全不了解"的比例为 75.2%。由于学生缺乏对自身和报考专业的认知,其在进入大学乃至社会后对自己所学的专业或者从事的工作会产生一种强烈的抵触感,并且对自己未来人生形成负面预期,从而影响其身心健康状况。

那么,如何扩充学生对院校专业的认知渠道,提升认知水平,使得学生从被动接受信息变为主动探索规划?同龄人的声音——朋辈互助,或许是解决这一问题的突破口。朋辈互助(peer helping)是指具有相似年龄、生活背景和兴趣爱好的一类人通过各种信息的交流,在互帮互助的过程中实现自我成长的一种教育方法。朋辈互助是主动的、自觉的,相信学生自身具有教育力量,这与我期望激发学生自身能动性的课程目标不谋而合。基于此,我将"朋辈互助"请进了我的高三生涯课堂,从"横向"和"纵向"两个方向对"院校专业"认知进行课程实践。通过纵横交织的自助——互助——助人的过程,引导学生主动地规划自己的未来人生,实现生涯教育的目的。

二、纵横开拓:"朋辈互助"激活高三学生生涯规划能力的实践路径

(一)"横向"朋辈互助的实施:三人行,必有我师焉

"院校专业"生涯认知课中的"横向"朋辈互助,是学生在与自己有相同兴趣、能力和价值观的同学构成的同质小组中,对相应的学科门类进行关于"院校专业"的自主探索和信息交流的过程。"横向"的朋辈互助体现的是这一过程中的自主、

自助和互助。自主,是指基于学生自身的兴趣、能力和价值观,贴合学生个人的成长需求,从而使其有更强的动力对"院校专业"进行自主探究;自助,体现在梳理信息的过程本身是帮助自己加深对相应学科门类下"院校专业"及未来发展等各方面的理解;互助,体现在同质小组的内部及外部同学之间的信息交流与分享。"横向"朋辈互助的实施具体来说有四个阶段,如图1所示。

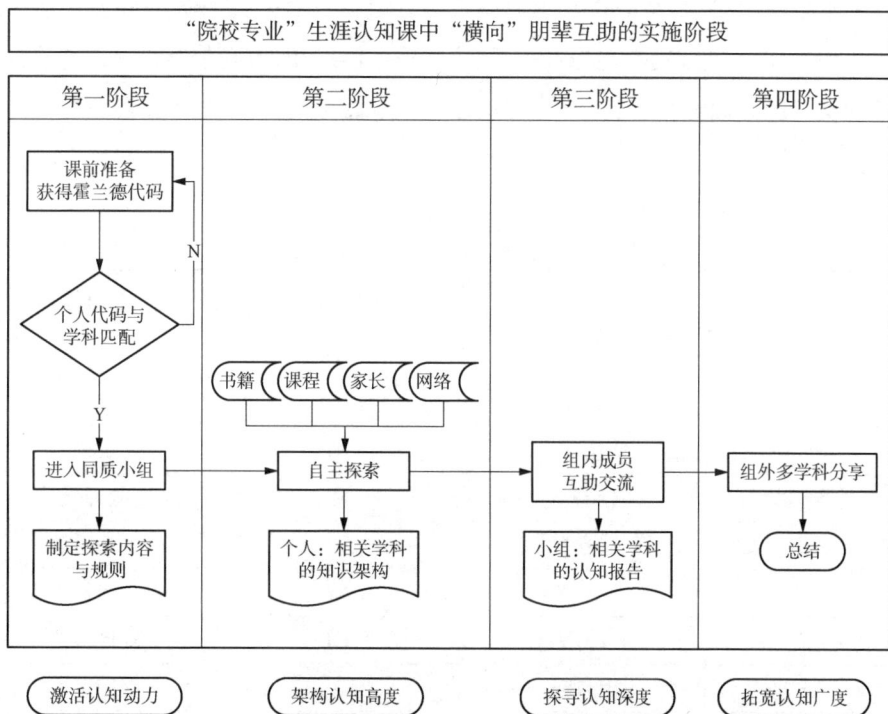

图1 "院校专业"生涯认知课中"横向"朋辈互助的实施四阶段流程图

1. 第一阶段:课前准备,激活认知动力

(1)夯实前期教学基础

在开展高三的"院校专业"生涯认知课之前,学生需要对自身的性格、兴趣、能力和价值观有一定的认识基础,可以通过《霍兰德职业兴趣测评》获得自己的生涯宏观指向——霍兰德代码。

(2) 形成同质探索小组

每一个霍兰德代码都对应若干职群,每一个职群也链接着相应的学科门类,所以学生可以将自己的"霍兰德代码"与学科门类相匹配(见表 1)。同一学科门类下的学生是一个小组,从而将班内群体自然分成若干个人数不等的同质小组。组内成员均是在个性、兴趣、能力和价值观方面有较高相似度的学生。如果学生对自己的霍兰德测评结果不认同,那么可以让他选择一个自己想要探索的学科门类小组。

表 1 "霍兰德代码"与学科门类匹配表

霍兰德代码	对应学科门类	霍兰德代码	对应学科门类
EC	经济	RIA	建筑
SE	教育	RI	信息
SE	法学	RI	工程
SE	社会科学	RI	数理化
SEC	管理	RI	生命科学
AS	文史哲	RI	生命资源
AS	外语	RI	环境科学
AS	传媒	RIS	医药卫生
A	艺术		

(3) 制定探索内容与规则

小组内要探索的学科门类下相关"院校专业"的具体内容和规则主要由学生通过小组讨论自主制定。以生命科学类小组为例,组内探索内容清单见表 2。

表 2　生命科学类小组的探索内容清单

序号	探索内容清单
1	生命科学领域有哪些受认可的学校？（一类、二类院校）
2	生命科学类下设哪些专业？
3	重点专业开设哪些课程？
4	专业学习的难度和强度如何？
5	专业成长的路径有哪些？
6	毕业生的薪酬如何？
7	生命科学未来的行业前景如何？

2. 第二阶段：自主探索，架构认知高度

自主探索是朋辈互助的根基，也是区别于普通小组合作学习的实践关键点。普通小组合作学习的弊端主要是容易出现用个别组员的成果代表小组整体成果的现象，而这样的小组学习难以提高所有组员的参与度，也失去了小组学习本来的意义。而以"朋辈互助"为基础的小组合作学习是"先自助，再互助"。每个组员都需要根据组内商讨好的问题框架对本组对应的学科门类下的相关"院校专业"进行自主探索。探索的路径是多元化、个性化的，可以是书籍、课程、网络、家长等学生可以获得的一切相关资源，从而使学生逐步加深对这一学科门类的理解，架构一定的学科认知高度。

3. 第三阶段：互助交流，探寻认知深度

互助交流是朋辈互助的核心体现。这时组内的每一位成员都是对该学科领域有一定理解的"小专家"，成员们依据问题框架，对每一个问题进行逐一讨论。在讨论的过程中，成员们会听到不同的信息和对这个学科不同的理解，进一步深挖学科的内涵。譬如在对"工作状态"和"未来前景"的讨论中，建筑类小组成员有这样的对话：

S1："学建筑其实工作量很大,赶图、熬夜,按照甲方爸爸的需求不断修改,最终就是会秃头!"

S2："是啊,作为建筑师,无论你选择打工,还是开公司、做开发商、教书或做公务员,其实都非常不容易。"

S3："目前产业产能是过剩的,市场也在萎缩,产业结构也有问题,要是奔着赚钱的话,还是别去学了。"

听到他们的讨论我挺惊讶,他们说话的口吻好像已经在这个领域工作了很多年一样。当时我有些担心,这样的讨论会不会削减他们对这个领域的热情,甚至是对未来的美好期待?

但这时,另一名学生 S4 问道:"那你们还想学这个学科吗?"其他同学思考良久说:

"学,相比较其他学科我对建筑还是更感兴趣,这跟收入什么的没关系。"

"其实学啥都会不容易,但因为不容易,才会有成就感啊!"

"那就苦中作乐呗,哈哈哈……"

经过这样的讨论交流,学生看到了学科本身的"苦"与"乐",而看到苦的部分既在一定程度上避免了盲目遵从,给主观热情降降温,更有助于学生客观、全面、深层次地理解职业和人生。

4. 第四阶段：组外分享,拓宽认知广度

在组内交流结束后,每个小组对本组的交流成果进行汇总整理,形成信息完整、准确、简明的精华报告;按照学科门类的排序,每个小组进行 15 分钟的班内汇报;汇报结束后会有 5 分钟的问答交流时间。组外分享的形式可高效地拓宽学生对各个学科门类的认知广度,为学生未来更多样化的生涯进路提供选择依据。

(二)"纵向"朋辈互助的实施：他山之石可以攻玉

"院校专业"生涯认知课中的"纵向"朋辈互助，是以问题解决为核心的跨年级学生(大学生与高中生)之间关于"院校专业"的自主探索和信息交流的过程。"纵向"的朋辈互助体现的是这一过程中的助人和互助。助人，是指大学生对高中生的经验支持——作为过来人，大学生具有高考志愿填报的直接经验；作为专业学习者，大学生有着对专业学习的鲜活体验和对专业本身的更深一层的理解，这种经验是贴近高三学生心理需求的，是家长、老师等所提供不了的。互助，体现在高三学生的提问能够促使大学生对自己当下人生的规划和反思。"纵向"朋辈互助的实施具体来说有四个阶段，如图2所示。

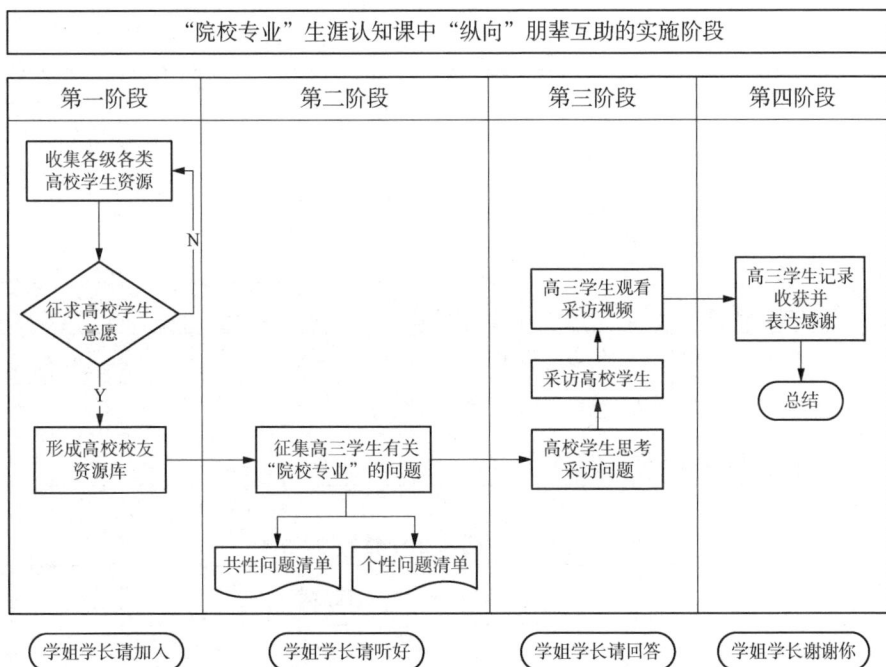

图2 "院校专业"生涯认知课中"纵向"朋辈互助的实施四阶段流程图

1. 第一阶段：汇聚校友资源——"学姐学长请加入"

"纵向"朋辈互助的难点在于形成采访对象的资源库，需要就读于不同层级的院校和不同种类的专业的校友加入，这样才能够为高三学生提供更加真实、全面、客观的"院校专业"认知。但由于我个人的学生资源有限，需要学生提供更多的学姐学长资源。在征求了大学生们的意愿后，邀请他们进入校友资源库。

2. 第二阶段：形成问题清单——"学姐学长请听好"

与"横向"朋辈互助中划分成若干同质小组不同，"纵向"朋辈互助是将高三学生作为一个整体向大学生群体发问。在班级中征集问题，汇总形成"共性问题"和"专业个性问题"两张清单，如表3、表4所示。

表3 学生"共性问题"清单

序号	共性问题清单
1	你是怎么选的现在就读的专业的？
2	你对自己所读专业的理解是什么？这和你报考之前有什么差异吗？
3	目前来看，你觉得这个专业适合你吗？为什么？
4	你现在的学业压力大吗？专业学习的强度如何？
5	上大学有什么感受？和你以前想象的大学生活一样吗？
6	对于未来，你有怎样的规划？哪种出路会比较好？
7	你想对现在高三的我们说些什么呢？

表4 学生"心理学专业个性问题"清单

序号	心理学专业个性问题清单
1	你如何看待国内心理学专业的就业前景？
2	心理学专业现如今有哪些发展方向？

（续表）

序号	心理学专业个性问题清单
3	不同发展方向的就业走向是怎样的？
4	统计学是不是很难学？用处大吗？

3. 第三阶段：线上线下采访——"学姐学长请回答"

形成问题清单后，我和学生将清单发送给资源库中的每一位学姐学长。待大学生们对问题进行认真思考后，可通过线上视频采访或者线下面对面采访的方式记录下他们的回答，并在课堂上进行视频分享。

4. 第四阶段：记录收获并反馈——"学姐学长谢谢你"

在每节课的尾声部分，学生都需要以填写"课堂学习单"的形式梳理总结这节课的收获。譬如，对于学姐学长的回答，你认同哪些说法，不认同哪些？你想对哪位学姐学长表达感谢，为什么？我会把学生们的反馈收集起来，将其中的感谢梳理成条，制作成感谢卡，发送给回答问题的大学生们。相信大学生们也会在回答问题和收获感谢的过程中更加理解自己曾经的选择和未来的人生。

学生主要反馈了三个方面的收获：

一是加深了自己对专业学习的理解。学姐学长在视频中的现身说法，让高三学生更直观地感受到专业的学习强度，也看到院校的整体环境。比如，在视频采访中，医学院的沈同学拍摄这段视频的时间是刚刚完成作业的凌晨，并说明这是正常需要的学习时长。这让学习强度要求较低且想要学医的同学，从另一个角度认真思考自己是否适合这个专业。

二是丰富了自己对大学生活的认知。在学姐学长的介绍中，多次提到大学生活中难以平衡和目标不清晰的迷茫。这是大一学生现在正在经历的，也是高三学生未来会经历的。这与高三学生认为大学自由自在、放松舒服的最初想法是截然不同的。

三是树立了积极的学习心态。经过大学新阶段的洗礼，学姐学长们认识到学习是一个长期工程，大学也只是奋斗的一个新起点，希望学弟学妹将眼光放远，不拘泥于当下的大考小考。

三、春种秋收：总结与思考

从最初简单的生涯访谈课堂汇报，到逐步形成有方向、有方法、有体系的"横向""纵向"朋辈互助学习模式，我的探索已经历两轮。在这两轮的课堂实践中，困难和不足仍旧存在，以下两点期待改进：

其一，在"横向"朋辈互助的交流讨论中，学生小组内的自由讨论仍旧需要教师引导。当学生过于强调专业的负面信息，且讨论氛围趋同时，我当下的眼界还不足以说服他们更全面地看待这些问题。因此，在以后的课程中我思考穿插一些"人物生涯故事"，将关注点放在成长上，让学生看到这个领域的"大师"是如何成长的。

其二，在"纵向"朋辈互助的课堂实践中，招募学姐学长群体的实际操作难度比较大。受现有的校友资源的影响，采访对象同质性较高，还需要拓宽毕业生采访范围。

如何激活高三学生的生涯规划能力，在我从教的最初几年里，这是个让我非常挠头的问题。整节课只有我一个人的声音，而学生们多数是做个"低头族"，忙着做各个学科的题目。活力课堂，成了奢谈。幸好在高校参与"朋辈互助"的经历启发了我，遂将这个"法宝"带进课堂实践中。在这个网罗信息、叩问自我的过程中,学生们对那些原本无感的、无差别的专业名称,豁然有了鲜活而不同的未来图景,对于那些未来需要面对的荣辱苦乐,也有了些许体悟。此时,对于未来的人生航向,我想他们已然能够掌舵!

戴治伊　上海市实验学校心理教师　教龄 4 年

14.

"班级合伙人制"优化学生自主管理

如今的班级自主管理大多流于表面，并没有使学生的综合能力真正得到锻炼和提升，也没有让学生意识到班级是集体共同拥有的。通过创设"班级合伙人制"，班主任为学生搭建了一个有效的"舞台"，设置适合学生能力的多种岗位，尽可能让学生积极地参与班级管理，认识到自身的价值，唤起学生内在的自我主体意识。科学有效的班级自主管理有助于培养学生的自主意识，形成良好的集体氛围，让每个学生都能在集体中找到自我，有效地发挥学生的主体性、创造性，激发学生的教育活力。

一、目前班级自主管理中存在的问题

（一）教师班级管理理念"落后"

曾经，我是一个"警察型"的班主任，每天早出晚归，时刻紧盯着学生，依照班

级的各项规定对学生严格要求。学生所有的事情都必须按照我的要求,班风就是服从。在这样的管理模式下,班级的各项常规习惯总体来说还不错,得到了其他老师的一致好评。我开始在心中沾沾自喜,看来当班主任,也没有那么难,平时只要对学生严加管教就可以了。

直到前段时间,家里有事不得不请假。离开前,我在班级里反复叮嘱:老师不在的这段时间,一定要管好自己;表扬和惩罚的措施也和孩子们讲得很清楚。我每天都会通过班主任群里的"常规检查"查看班级的情况,"-2分,-3分……"几乎每天都在扣分,我看着不免有些着急,于是私下里找搭班老师了解情况。她回复我说:"孩子们离不开你!你不在的时候班级就像一盘'散沙'!我的话他们根本不听!"我在心里悄悄地想,这难道就是所谓的"优秀班集体"?我只是短暂地离开,学生们就像无头苍蝇似的,不知道自己该做些什么,更别提管好自己了。

我不禁陷入了沉思,这种情况其他班级也发生过,老师外出听课或开会时,班级就一片嘈杂,很多学生学习的自主性都有待提高。

经过反复的思考,我发现:这或许和教师传统的教育理念有关。我们采用的是班级授课制教学,在这种授课形式下,学生的学习与班级地位较为被动。在班级管理中,学生只能一味地听从班主任的安排,这样的班级管理模式终将导致班主任的工作压力日趋增加,大事小事都必须经过班主任之手,学生干部职位形同虚设。另外,在这种班主任为主的班级中,学生干部直接依赖班主任与其他教师,他们的自主管理能力得不到科学引导与培养。

(二) 学生的集体观念、自控能力薄弱

班级是学生在校生活的重要场所,对于学生的成长有着重要意义。学生参与班级各项活动及班级管理的状态和程度,对于学生社会化和个性化的发展具有重要意义。

在目前的中小学生中，独生子女占据着相当大的比例。他们的普遍特点是：以个人为中心，生活中缺乏自理能力，自控能力也相对较差，集体观念薄弱。在很多时候，学生并没有意识到自己是班级的主人，是班级事务的自我管理者，对待学习上的一些事情，他们觉得只要听老师的话就可以了，不需要用辩证的思想去客观地分析对与错、合理与否，更不会站在集体的角度去考虑问题。

在平时的观察和实践中，我发现很多教师都会在自己不在班级的时候，让班干部把讲话同学的名字记在黑板上，然后再根据班规进行奖惩。教师的出发点是希望学生能够安静地做自己的事情，但每次班干部总会在黑板上写下不少同学的名字。由此可见，学生还不能有效地管理自己，教师不在时，班级的纪律较差。

（三）父母的教养方式较为传统

联合国教科文组织国际教育发展委员会编著的《学会生存——教育世界的今天和明天》一书中指出："教育既有培养创造精神的力量，也有压抑创造精神的力量。"在传统的教养方式中，父母只关注孩子的成绩，认为成绩好就拥有了一切，在父母的眼中，孩子仅仅是"知识的容器"，他们忽视了孩子的成长具有主体性。

现在社会上有许多"妈宝"，为什么这样称呼呢？因为他们一切都需要父母帮忙，甚至有很多大学生把他们的脏衣服也寄回家让父母洗，他们似乎已经习惯了"衣来伸手饭来张口"。在父母的眼中，孩子的主要任务就是学习，父母的教养方式就是"满足型"，认为教育就是只要满足孩子的一切需求就可以了。现代社会的物质生活十分富裕，父母对孩子提出的物质要求也都能满足，唯恐自己家的孩子比别的孩子差。这样的教养方式较难有效培养孩子的自控能力，因此当课堂上教师不在时，学生便很难管好自己。

二、利用"班级合伙人制"优化班级自主管理的创新实践

(一) 搭建舞台,帮助学生寻找自己的"成长合伙人"

在开展"班级合伙人制"建设的时候,我们既要有"高位"思考的习惯,还要有"低位"实践的态度,学会先调整好自己的状态,尝试以"成长合伙人"的姿态走进班级。班主任通过传递民主观念引导学生树立健全的民主观念,促进班级良性发展。

在"班级合伙人制"建设之初,我鼓励学生们寻找自己的"成长合伙人",让其针对自己的团队提出创设目标,通过彼此交流分享,最终实现团队的自主管理。在此过程中,班级会形成两类团队。第一类是基于班级常规管理而组建的"职能型"团队,第二类是凸显各自专长的"兴趣社团"。

学生组建自己的团队就意味着班集体不再是少数几个人的集体,而是属于全体同学的集体,每个人都是班集体的主人,每个人都要为班集体作出贡献,在自行管理的过程中培养自己的主人翁意识,进而强化自我管理能力。具体而言,班主任可以协同"小助手"采用循序渐进的方法逐渐释放权力,进行班级管理。

"小助手"是班主任的合伙人,须为他们树立威信。班主任为了能够更好地管理班级,通常会设置许多班级"小助手"的岗位。在平时对"小助手"的管理中,我把他们做过的为班级服务的事儿在班级里大加赞赏。

例如,"劳动小助手"逸轩为了班集体的卫生,每天都陪着值日生一起劳动,放学铃声一响便能听到他的声音在教室里回荡着:"值日生准备值日啦!"正是这响亮的声音,让值日生快速地投入劳动中,偶尔有值日生生病请假,他二话不说就帮着做,每天放学都是如此,即使迟些回家,他也毫不在意。为此,我经常表扬他这种为班级"乐于奉献"的品质,在家长会上,让逸轩向家长

们展示自己平时为大家服务的情况，获得了家长们的阵阵掌声。就这样，谈到卫生劳动，我们都忍不住向逸轩竖起了大拇指！当看到班级在其他方面取得进步时，我也会及时肯定负责同学为班级所作的贡献。

同学们都很信任这些班级"小助手"，与"小助手"一起为班级做事出力。班主任还要引导学生尊重班级的"小助手"，理解他们的管理。同时，可以在班级里提醒学生，如果感觉有不妥的地方也可以"申诉"。此外，我把班级的"七彩娃"也交给"小助手"管理，指导他们对其他同学进行评价。让班干部的手中有一定的权力，这样，同学们也会在意"小助手"的管理。在此基础上，针对班级的一些问题召开"小助手"会议，让班干部轮流做记录，最后每个岗位责任人针对班级现状向大家提出相应的建议。

（二）发展平台，我们都是"班级合伙人"

在班级管理的过程中，教师必须要坚持"以学生为本，全面发展"的理念，让学生充分发挥在管理中的主导地位，真正成为班级的主体，让每个学生都成为"班级合伙人"。

努力做到在班级中"人人有事干，事事有人干"，让班级越来越好。为此，我特意为学生们买了小徽章，隆重授予他们，让每个同学都感觉到一种荣誉感和使命感。同时，要求他们在工作时做到分工不分家，既要各司其职，又要顾全大局，求大同存小异，多听听同学的想法，少数服从多数，形成齐抓共管的局面。

第一，"扶"着走。"扶"着走的关键是抓好第一次，有些学生是第一次参与班级管理，他们虽然有一颗为班级服务的热心，但却不知道如何才能进行有效的管理。因此，对于一些刚参加班级工作的同学，会遇到一连串的第一次，第一次组织早读、第一次管理植物角、第一次组织课前三分钟等。在每一个第一次开始时，我总会耐心地指导，一点点地教学生们具体的做法。我们共同商讨班主任有效进行班级管理的做法，并向他们解释这样做的原因。同时，我也会经常召开主题班会，和同学们共同商讨班级管理的方法。

第二，"领"着走。这个阶段对学生来说是半"扶"半"放"的阶段。在"小助手们"有了一些工作实践经验后，班主任就可以在各种具体工作及班级活动之前，请他们提前设想、安排，班主任只当参谋，给予一定的建议。"小助手们"都是学生，因此，他们也更能体会同伴的想法，我们共同商讨的方案自然就能赢得其他学生的肯定和支持。在班级实行这些方案之后，同学们参与班级事务的态度都有所转变，班级的各方面情况也逐渐有了一定的改善。

第三，"放"着走。根据学生的个性特长安排岗位，既发挥每位学生的特长，又能让他们在适合自己的岗位平台上得到相应的锻炼。在为班级服务的过程中，用自己的成长有效地促进班级的发展，当所有班干部都发挥自己的光和热时，优秀的班集体就产生了。针对班级相关问题的反馈，我向同学们抛出了一个问题：如果大家在自己的工作中遇到了难题，除了请教老师外，还有什么好办法吗？我们对此讨论出的结果是可以在班级再设置一个"智囊团"团队，由班级几个点子较多的学生组成，如果在班级管理中遇到难题，可以先找他们一起商讨。

学校处处是教育，而班级就是孩子最好的展示平台。作为班主任，我们可以利用好班级这个平台，为学生创设新的教育空间，把探寻的脚步留给学生们，相信他们一定能利用自己独特的想法开辟出一片新的天地。

（三）创意平台，成为家长和学生的共同合伙人

为了帮助家长更好地了解自己孩子的在校情况及表现，我经常通过"微信群"和"朋友圈"，和家长分享学生的在校表现以及关于家庭教育的相关文章，帮助家长更好地了解孩子。此外，针对学生的表现，我也会为家长推荐有针对性的书籍。

这样一来,家长的变化,学生能够感受到;学生的进步,家长也能够"摸得着"。

　　在家长会上,我推荐家长们阅读《好妈妈胜过好老师》《孩子你慢慢来》《和孩子一起成长,是最好的教养》等书籍,在读完后,我们共同交流彼此的心得体会。在空中课堂,通过小游戏,引导家长尝试掌握与孩子沟通的方法,懂得孩子心理发育的基本特点;通过阅读,让家长试着转变和孩子之间的关系。

　　在寒暑假,我还会为家长们推荐适合亲子共同观看的电影,增加父母陪伴子女的时间,通过帮助家长在看电影和评电影的过程中,将自己的人生观和世界观传导给孩子。这样一来,既丰富学生的课余生活,又帮助家长在潜移默化中进一步优化亲子关系。

伴随着班级的发展,学生及家长逐渐意识到各自都扮演着"班级合伙人"的角色。大家参与班级管理的热情更高了,班级的执行力和凝聚力更强了,而我也真正地成为家长和孩子的共同合伙人了。

三、"班级合伙人制"优化班级自主管理的实践意义

(一) 营造民主班级氛围,激发教育活力

在"班级合伙人制"建设之初,我主要采用民主模式,融入民主精神,调动学生参与班级事务管理的积极性,使每位学生都能够通过自我教育、自我管理,对班级管理提出建议。学生一方面是管理者,一方面又是被管理者,在这种身份的转换中,学生能真切地体验到管理工作的价值、意义,进一步增强责任意识,培养参与自主管理班级的能力。

　　从班主任到"班级合伙人",不仅仅是称谓的转变,更是职业思维的转变。在

这个转变的过程中,伴随着班级的发展和学生的成长,我也逐渐清楚了自己的职业方向,由"警察型"的班主任转变为学生成长的合伙人。"班级合伙人制"有助于营造民主和谐的班级氛围,充分发挥学生在教育教学中的主体性,引导学生积极参与班级自主管理,形成师生才智充分涌流、活力竞相迸发的良好局面。

(二) 发挥学生主体性,实现能力提升

作为班主任和语文教师,我在教育教学中常常利用多种活动,对学生由"扶"到"放",呼唤学生发挥主体作用,提高学生各项能力,逐步实现班级自主管理。对学生而言,教师的鼓励、成功的体验都是自身成长的重要组成部分。通过创设有效的时机,让学生获得成功的体验,建立起对自己的自信,是每位教师应当具备的最有价值的教学艺术。

第一,尊重学生人格,形成良好的师生关系。教师只有关心、尊重每一个学生,才能发挥学生的主体作用,营造良好的学习氛围。在师生互相尊重、关系和谐的环境中,学生敢于发表自己的见解,发挥自身的主体力量。对学习有困难的同学,教师应给予特殊关注。"尺有所短,寸有所长",学生的差异性是必然存在的,我们要承认且尊重这种差异,使各种类型的学生都得到关注和尊重,使学生的主体作用得到充分发展。

第二,动态积分评价,创造成就体验的机会。在教育教学活动中,教师应当及时运用动态积分评价,对学生逐步放手。积分评价以激励为核心,以积分为载体,以营造一种积极向上、健康和谐的班风、学风为目的。为了能够随时进行积分评价,我给每个孩子发一个积分本,按照"七彩娃"的评价体系,从"劳动、进步、才艺等"方面对学生进行评价,颜色各不相同,正好符合动态评价的理念。同时积分还能够在"蒲公英超市"兑换礼品,从而有效地调动学生的积极性,让他们成为"班级合伙人",使班级管理走向自主化。

(三) 家校携手共成长,让幸福温暖绽放

班级层面的教育合力是同频共振的生命交响曲。班级和家庭应携手共进,为孩子的自然生长创造有温度、有故事的教育磁场。对于班主任而言,与每一位家长形成亲密的合作伙伴关系,初心都是为了支持学生的成长和发展,内容丰富多彩、形式精彩纷呈的"分享活动"成为打开学生视野的一扇窗。

好的班级自主管理绝不是把人管住,而是激发活力,调动人的积极性,充分发掘人的潜能。被激发的学生几乎不要人管,自己就能不断进取。而由一群被激发的学生组成的班级,也一定是一个活力十足、积极进取的团队。因此,激发学生的教育活力,对班级自主管理有着重要意义。

作为一名小学班主任,我认为不能因为小学生年龄小,就将班级琐事都包揽在自己身上,徒增工作压力的同时,也无法集中教学精力。我们应该注重班级"小助手"的培养,达到班级自主管理的目的。我首先根据班级自主管理中的相关问题进行探讨,其次利用"班级合伙人制"对班级自主管理进行创新实践,并和大家交流这样做的意义,帮助学生营造良好的班级氛围,给予学生充分的信任,敢于放手,从而达到班级自主管理的目的,激发了班级教育活力。

参考文献

[1] 王炎,程红艳.全员参与式课堂探究——让每位学生成为课堂的贡献者[J].教育理论与实践,2017(28):60—64.

[2] 佐藤学.学习的快乐——走向对话[M].钟启泉,译.北京:教育科学出版社,2006:216.

[3] 赵荣辉.班级管理:从权威走向民主[J].当代教育科学,2015(2):11—14.

马云　江苏省南京市六合区横梁中心小学语文教师　教龄 5 年

15. 教育戏剧点燃学生心灯

缘起

5月,又到了拍毕业照的时候,沉寂许久的微信群突然热闹了起来。这个名为"话剧《企孙先生》全员剧组"的微信群,时隔两年多,竟然又有了99+的信息。

原来是当年文贞的扮演者施老师发送了一条信息:"亲爱的老师、同学们,三年前,我们聚在一起完美演出了话剧《企孙先生》,也伴随着这部话剧一起踏入敬业。毕业之际,我们剧组全体成员也聚在一起拍个集体照吧,看一下三年的变化。"一石激起千层浪,当年的"制片""导演""演员们"纷纷响应,还纷纷发送剧照,在群里掀起了一波"回忆杀"。

是什么让这个微信群里的人,时隔三年依然情绪激昂,感慨丛生?那便是2018年排练演出的原创话剧《企孙先生》。这是上海市敬业中学为庆祝270周年校庆所编排的献礼剧,主创人员以学校师生为主,在敬业中学原有戏剧社的基础上,集六十余位学生、校友和青年教师同台参演。

戏剧将这群不同年龄、不同职业的人聚集到一起,并以其独有的魅力,点燃了剧组成员心中的热情,这一燃,就是整整三年,甚至也可能成为照亮大家一生的明灯。

火种

教育戏剧,是在教育活动里引入戏剧理念、元素、方法和手段等,以提高教育、教学效果,促进学生知识、能力与品格等充分发展的教学活动。[①] 区别于为培养戏剧专门人才而传授戏剧基本知识与技能的"戏剧教育","教育戏剧"是一种以教育为目的,以戏剧活动为手段的教育活动。可以说教育戏剧源自戏剧教育,是将培养演员与排练戏剧过程中的一些方法移植到非戏剧专业的教育领域,以达成一些教授戏剧技能之外的教育目的。在学校教育中,常用的教育戏剧方法有:创作性戏剧、即兴演出、角色扮演、模仿、游戏等。

教育戏剧自 20 世纪初在欧美萌芽后,已经历了一个多世纪的发展,在 20 世纪八九十年代被引入中国的台湾及香港地区,并借由教育改革的契机,在台湾和香港地区取得长足的发展。在中国大陆,教育戏剧在近 20 年,尤其是近 10 年来的发展极为迅猛,不少教育界人士都发现了"戏剧"这种艺术形式所蕴藏的巨大教育价值。

敬业中学作为一所有着 270 多年悠久办学史的百年名校,自 1979 年开设戏剧类课程至今,积累了不少戏剧教育的经验。而我自 2015 年接手敬业中学"又新"

---

① 李婴宁. 关于戏剧教育[M]. 桂林:广西师范大学出版社,2008. 转引自陆素英. 小学语文"教育戏剧"课程开发与实施研究[D]. 上海:上海师范大学,2015.

戏剧社指导教师的工作之后，更是见证着戏剧对一批批敬业学子的巨大感染力。这些年来，不仅敬业中学戏剧社在市区各级各类比赛中屡获殊荣，更重要的是，戏剧社成为敬业学子在教学班之外的另一个"家"。同时，那些曾经接受过戏剧艺术熏染的孩子，在大学中依然保持了对戏剧的热情，有些更是决定以戏剧舞台为自己的人生追求。戏剧在他们的心中埋下火种，无时无刻不给他们提供光和热。

戏剧也在作为教师的我的心中埋下了火种，这种几乎能让人一见倾心的艺术形式，蕴含着巨大的教育价值。那么，是否能在戏剧社之外，也发挥它的作用呢？作为一名语文教师，我首先考虑将教育戏剧的方法应用于语文学科教学，于是我和同事们一起申报了区级课题"以教育戏剧培养高中生语文核心素养的实践研究"，并开展了实践。

摸索

我们尝试在语文必修课、选修课及社团活动中对教育戏剧开展多层次的实践研究。从教育戏剧的基本理念出发，精选教学内容，设置教育戏剧策略并实施教学。我们总结出了几条可行的策略。

其一，入乎其内，进入真实情境。

在高三总复习阶段，作为高中生语文"三怕"之一的文言文，始终像座搬不走的大山，沉沉地压在同学们的心上。让我感到异常欣喜的是，对于高二时学的《廉颇蔺相如列传》——一篇长达 2 000 多字的文言文，学生们无论是对实词句式的记忆，还是对人物形象的把握，都保持了相当高的水准。

《廉颇蔺相如列传》作为司马迁《史记》中的经典篇目，其主要特点是文本本身语言简练,内涵丰富,情节跌宕,富有戏剧冲突。文言文作品本身比较晦涩的语言特点,一定程度上对学生的文本阅读及对主题思想的理解造成了困难,但同时也赋予了这些作品更广阔和丰富的创作空间。我们在高一年级学习了《项链》,尝试了即兴表演和论坛剧场的教育戏剧策略;高二年级学习了《关汉卿》,了解了戏剧的基本知识,如幕、场等序列以及情节、人物、戏剧冲突等构成戏剧的重要内容,并尝试了角色扮演等教育戏剧策略。基于这些知识储备,我们对《廉颇蔺相如列传》进行了文本的解构重组和剧本改编活动。

在教学设计方面,我首先引导学生阅读课文,研究课文共讲了哪几件事,在这些事件中又有着怎样的矛盾冲突。根据经典戏剧解构理论"三一律",戏剧剧本要求戏剧创作在时间、地点和情节三者之间保持一致性。接着引导学生思考,对于课文中的三件事,你如何取舍?学生们经过讨论,建议选择最后发生的事件。原因有二:第一,按照事情发生的先后顺序,在对第三个事件进行创作时便于以对话或回忆的方式穿插之前发生的事件;第二,三件事中"负荆请罪"的描述最简略,进行艺术创作的空间比较大。然后我们又对文本中的主要人物形象——廉颇和蔺相如进行了细致的解读,以演员的视角为两位主角撰写了人物小传,并以即兴表演的形式,创造性地演绎"负荆请罪"的故事,同时,还尝试为该事件补充前因后果,填充配角。最后,在分组创作剧本的环节中,我以黄浦区青少年活动中心戏剧教师胡云飞的《廉颇负荆》剧本为范例,请学生们进行剧本创作及表演。

学生们的创作精彩纷呈,有的孩子尊重原作,在原有情节和人物的基础上增删添改,让原本距离我们日常用语较为遥远的文言文焕发了生命力;有的孩子充分发挥想象力,为故事增添了恰如其分的配角和人物对话,让情节的发展更合理。让我感到意外的是,几位原本在语文学习上马马虎虎的同学,这次剧本改编的作业也颇有独到之处。

新的课程标准为传统的语文课堂带来挑战,也为新的教育手段的引入带来机遇。以往的篇章串讲及问答式的语文课教学模式似乎已不足以支撑新课标对课堂教学的预期。真实情境的创设和学习任务群的提出，对教师的课堂教学提出了更高的要求。而教育戏剧作为一种将戏剧与剧场元素应用于教学的方法，在提供真实情境方面具有与生俱来的优势。

其二，出乎其外，诗化戏剧活动。

教育戏剧不仅为语文学习提供真实的情境，更给予学生真切的体验冲突和深入反思问题的机会。

同样是《廉颇蔺相如列传》，教师尝试借助"论坛剧场"的方式，让学生重现已知事件，以展露其中可能的细节，发现事件可揭示的深层内涵和张力。

《廉颇蔺相如列传》中的第一个故事是"完璧归赵"，是整篇文章中刻画最细腻、故事呈现最完满的一段。然而阅读后，学生却产生了诸多疑惑，为什么蔺相如一定要带着和氏璧去秦国冒险？为什么秦王接待蔺相如时表达了对玉璧的喜爱，却激怒了蔺相如？为什么秦王依其言"斋戒五日，设九宾于廷"，蔺相如却大胆地把和氏璧送回了赵国？为什么蔺相如欺骗了秦王，秦王却没有杀他，反而把他毫发未损地放归赵国？确实，对于该故事，从来就有争议，司马迁认为，蔺相如在秦廷"一奋其气，威信敌国"，是智勇兼备之人。明代历史学家王世贞则认为"蔺相如之获全于璧也，天也"，赵国能够逃脱灾难不过是侥幸而已。究竟是历史的必然还是幸运导致的偶然？这些问题，若是由教师讲解，恐怕要费一番口舌，但是以"论坛剧场"的形式，在按照原文进行第一轮表演之后，请同学们按照自己的设计重新演绎"完璧归赵"的故事，发现很难获得圆满的结果。若是秦国好言以十五城易璧，在外交上，相对弱势的赵国不可能拥有与强秦对等的话语权；若是蔺相如面对秦王的轻慢隐忍不发，则和氏璧会顷刻落入秦王之手，同时赵国也完全输了这场外交战；若是不将和氏璧连夜送回赵国，则九宾礼后，赵国同样会失去和氏璧；若是秦王一怒之下杀了蔺相如,则赵国就站在了所谓"正义"的一方,秦王就失了立场。历史的车轮滚滚向前,表面看来充满随机性,实则其中又蕴含着必然性。通过师生共同还原场景,讨论其他的可能性,学生们渐渐读懂了历史的偶然与必然,更逐渐领会了司马迁运笔之精妙。

《普通高中语文课程标准(2017年版)》指出:"语文课程应引导学生在真实的语言运用情境中,通过自主的语言实践活动,积累言语经验,把握祖国语言文字的特点和运用规律,加深对祖国语言文字的理解与热爱,培养运用祖国语言文字的能力。"

不论是剧本改编还是论坛剧场,都为学生提供了深度参与的学习情境。并且有梯度、有计划的课程设计,也让学生得以循序渐进地接受教育戏剧的培养。区别于以往缺乏序列性和统筹规划的戏剧文本赏析课,敬业中学的教育戏剧教学实践,实现了从散点教学到系列教学,从专题活动到系列活动的尝试。

其三,点铁成金,建构戏剧舞台。

我们不仅在语文课堂上推进教育戏剧的实践,更是鼓励一部分对戏剧感兴趣或有特长的同学在选修课程及语文学习团体(戏剧社、文学社等)中进一步开展相关实践,开阔视野,丰富语文学习的方式,在更宽广的选择空间中发展自己的语文特长和兴趣。

戏剧社作为敬业中学的明星社团,常常在学校大型活动中被委以重任。而"教育剧场"作为教育戏剧中独具特色的一种教育形式,其有效性也已经通过长期的教育实践得到证明。创作性戏剧的创始先锋温弗列德·瓦德最初便曾主张将创作性的扮演活动推展并运用于正式的演出。她强调,这种戏剧的表现是由学生进行故事的搜集创作,采用简单的布景道具在学校演出。优良的作品,通过学生的创作,呈现于学校的教育教学活动中,对学生认真投入的意愿有激励作用,对观赏者也有学习的效果。① 于是我们将戏剧社的"活动任务"与"教育剧场"相结合，尝试校园剧场的形式，使教育戏剧取得更广泛的教育效果。

2019年末，一场突如其来的疫情打破了欢乐祥和的节日氛围，学生和老师们都度过了史上最漫长的寒假。大灾有大爱，在这场疫情中，涌现出无数动人的事迹，在敬业中学，在我们身边，也有许多感人的故事。为了让更多的人了解这些身边的"英雄"，学校希望在9月1日新学期的开学典礼上，展示这些事迹。但是，若仅仅是以文字和图片描述，未免显得单薄，于是决定采用舞台剧的形式。戏剧社社长带领同学们忙碌了起来，并在我的帮助下，组织同学们开展头脑风暴，大致设定了戏剧情节和人物，并委托一位文笔较好的同学创作剧本。随后社长自己担任导演，根据原型人物特点挑选演员，并组建了道具及后勤组。

剧本创作考验同学们从真实生活中提炼艺术素材的能力。最开始，出于对三位优秀抗疫工作者表彰的目的，编剧同学事无巨细地将三个故事呈现了出来，虽然真实，却缺乏戏剧本该具有的艺术张力。于是，编剧在戏剧老师的建议下对剧本进行修改，要寻找高中生最熟悉的人、事、物来作为线索，把三个故事串联起来。学生们想了想，三个故事，代表了三个群体，一是不辞辛劳备课、坚持远程上课的老师们，二是在海外机场义不容辞帮助托运医疗物资回国的志愿者，三是为保障复学而辛勤劳动的基层防疫人员。这样一梳理，同学们异口同声地表示，最熟悉的，当然是我们的老师们啦！于是以一对教师母女为主角的抗疫故事，在剧本中逐步呈现出来。排练过程中，老师又为整出舞台剧添加了一个富有象征意味的哑剧开头和一场充满激情的宣言结尾，丰富了舞台表演形式，为这场主要由学生创作的舞台剧锦上添花。

道具舞美的筹措也锻炼了学生的社交沟通能力。后勤组长通过积极的沟通，

---

① 张晓华.创作性戏剧教学原理与实作[M].北京：中国戏剧出版社，2017.

从学校物业处借到了道具,更得到了物业保洁阿姨的精心指点,如消毒喷雾怎么用、防疫装备如何穿戴等。此外,技术支持团队也争分夺秒地制作了配套的音视频素材,大大提升了戏剧的演出效果。尤其结尾处大屏幕上展示了一张张抗疫英雄的真实照片,配以大气磅礴、激情昂扬的背景音乐,让人感同身受,不由得热泪盈眶。

开学典礼上的正式演出取得了巨大的成功,来参加开学典礼的嘉宾们也深受感动,热烈鼓掌,真诚地赞美这些奉献者。虽然耗费了大量的时间和精力,虽然排练和表演都非常辛苦,但作为指导教师,我能够切实地感受到学生们在排演舞台剧过程中的迅速成长:在剧本创作和台词打磨的过程中,积累了丰富的言语活动经验,尝试将语言材料有机地联系起来,锻炼了自己的形象思维和逻辑思维能力;在演出准备和正式演出的过程中,增强了语言的表达和交流能力;在商讨对策、解决问题的过程中,提升了思维的品质。而该戏剧素材本身所具有的情感价值也通过他们的创作,产生了更显著的感染力。不仅参与舞台剧创作的同学们受到了这些抗疫英雄的精神的感染,而且他们的表演向更多人传递了这份奉献精神。在剧场中,无论是表演者还是观众,都深刻地感受到大灾面前民族团结的力量,也更深切地明白自己同样承担着一份社会责任。

心灯

升上高三后就"退休"了的社长看了"话剧《企孙先生》全员剧组"的微信后,也乐颠颠地来找我,说:"要不,我们戏剧社也照个合影吧?"

三年过去了,内心被戏剧点燃的火苗渐渐茁壮,我们在教育戏剧的实践中摸索蹒跚,彳亍前行。但是星星之火,可以燎原,这探索的过程也在一些学生的心中埋下了火种。

我尝试采访了一些参与过教育戏剧课程的学生,他们大多对这种教育形式表达了正面的评价。

几乎所有接受采访的同学都表示,接触戏剧的经历,让他们变得更为开朗自信:"戏剧把安静内向的我推到了舞台中央,让我勇敢地表达,认真地、紧张地体悟这个世界及人与世界的关系。"

还有比较多的同学提到了语言运用能力、表达能力和沟通能力的加强:"它带给我描绘我脑中的理想国的机会,促发我用笔将对自身与社会的能动性思考落到纸上,也把我的情感通过具象化的形式表达出来,满足了我的表现欲与表达欲,同时有利于处理人际关系的能力的增长。""接触戏剧的经历,使我增强了语言组织能力、随机应变能力。"

教育戏剧课程和剧场戏剧的演出经历,也给了学生更多机会接触课本之外的知识。同时,为了更好地理解剧中的人物或相关的演出背景,学生们还会主动地进行专题阅读。教育戏剧课程所涉及的时代、地域、职业、种族如此多样,因而该课程的学习大大开阔了学生的文化视野。"戏剧带给我的除了排练时的欢闹,更多的是对艺术的品悟、生活的思考。作为历史长河中的一粟,我反观思索、追寻我所在社会的'道理'、我的存在和价值、我对社会的价值、人类社会的价值。从某种意义上来说,艺术蕴含哲学,艺术、戏剧将我推到哲学的一隅。"

教育戏剧活动还有助于培养学生的共情能力。在戏剧表演的过程中,表演者和观赏者都能够通过最直观的方式感同身受地体验其中的情感、内容等,通过角色的扮演以及情境的再现等形式,学生能够从中观照他人的言行并反省自己,能够更明确地认识到道德的准则以及立足社会的法则,能够了解真善美和假丑恶,从而在自我的认知以及调控等方面进一步发展并完善。"我可以在短短两个星期或一个月的排练中体会另一种人生,我可以成为一个我或许永远不会成为,不能成为,抑或是不敢成为的人,戏剧让我的人生更多姿多彩。"

在教育戏剧的集体学习、表演和创作中,学生们还能够学会与他人的配合,激发集体意识,培养团队合作意识。学生能够在剧中观察人物性格、时代背景和生活环境及文化,以第三者的眼光分析戏剧所呈现的世界,感知戏剧中的人物内心、人际关系、处事方式等,从而更为直接有效地学会人际交往、与他人和社会和谐共处、解决与他人和社会的矛盾。"我明白了思考的重要性,抑或是体会他人感受的能力——'共情',唯有懂得角色的情感才能更好地演绎角色。在活动中,我与每一位伙伴都结下了深厚的友谊。"

我相信,随着教育改革的深入,对新的教学方式的接纳性会更强,教育戏剧或许有一天会点燃每一个孩子的学习热情,进而成为指引教育者前行的明灯。

吴晓彦　上海市敬业中学语文教师　教龄 16 年

16. 以项目化学习激发生命教育活力

项目化学习是指学生在一段时间内通过对真实且有挑战性的问题进行持续探究,达到对核心知识的再建构和思维迁移。在整个项目的实施过程中,学生的学习动机被强烈激发,不再是被动学习,而是积极主动地参与到项目实施过程中。学习者在充满挑战、纷繁复杂的学习情境中,通过自主探究或者团队共同协作来解决问题,在自主、开放、合作的学习过程中获得丰富的学习体验,一步步将知识与能力内化为坚韧、蓬勃、永恒的生命力量,最终成为心智自由的终身学习者。

项目化学习契合了教育教学变革的思路,为增强教育活力提供了实施途径和方式。我校在体验式生命教育项目化学习"小豆芽成长记"中,应用项目化学习的设计思路,将生命教育落在"体验"上,以激活学生的思维、触动学生的心灵,为教育注入了新的活力。

"人最宝贵的是生命,生命是智慧、力量和一切美好情感的唯一载体",教育的最终目的,是为了使人生活得更好,使人的生命更有尊严、更有价值。理解"生"、体验"生"是小学教育阶段理应审视的议题。生命教育必须落在"体验"上才能真正触动学生的心灵,激发生命教育的活力。如何引导学生积极主动地探索生命的意义,"体验"生命的可贵? 项目化学习作出了响亮的回答。于是,我们以"生绿豆芽"为起点,开启了生命教育的项目化学习实践探索——小豆芽成长记。

一、项目化学习"小豆芽成长记"——体验式生命教育的由来

(一) 项目研发背景——基于教育反思

2020 年,我校在网课期间利用问卷星进行过一次调查,旨在了解学生居家学习的心理状态,却意外发现学生对生命话题的茫然与漠视。调查显示,疫情期间每天更新的死亡人数对大部分学生而言似乎毫无意义,但也有少数学生面对生命的突然陨灭而不知所措。这部分同学的家长大多是医务工作者,或者家中有病人,因为疫情原因得不到及时救治而导致了病情恶化。对于小学生而言,理解冰冷的"死亡人数"背后的意义也许很难,但是理解"生"、体验"生"是小学教育阶段理应审视的议题,所以学校生命教育应该被重新审视。项目化学习是指基于现实生活或真实情境中表现出来的复杂问题,学生利用学到的知识解决项目中遇到的各种问题,最终完成项目。因此,通过项目化学习来"体验"生命的意义,成为当前学生学习方式的较佳选择。

(二) 确定驱动性问题——基于学情分析

四年级是儿童成长的关键期,在小学教育中处于从低年级走向高年级的过渡期,学生的思维方式开始由具体形象思维向抽象逻辑思维发生转变,学习的主体性增强,知识增长速度也明显加快。同时,四年级也是人生观和价值观形成的关

键时期。因此,本次项目化学习对象初步选取了四年级学生。

经过课前调查,我们发现四年级学生对培育植物比较感兴趣,在之前的学习中,对于植物的相关知识已经初步形成,但缺乏实践过程。因此,基于真实的问题、基于国家课程标准,本次项目化学习的驱动性问题为:怎样将一包绿豆变成粗壮的豆芽?请记录它的生长过程。

(三) 明确项目设计思路——基于头脑风暴

为了有组织性地完成这次项目化学习,学生先分成 7 组,每组选举小组长,成组后为自己的团队取队名。以项目小组作为学习共同体,学生可以在多种形式、多个层次的协商、合作与辩论中,不断质疑、改进,进行更有深度的学习。"学源于思,思源于疑",为了解决驱动性问题,还需要解决哪些小问题?又该如何解决这些问题?对此,每个小组进行了头脑风暴。

明确了要解决的问题,也初步知道了应该通过什么途径去解决后,同学们发挥能动性,邀请各学科老师帮助他们解决问题,有了专业老师的指导,就可以提高效率。根据学生提出的问题,我们对整体的活动设计进行了优化,希望通过一系列的活动体验,使学生不仅可以感悟到生命的可贵,还可以有其他的收获。

(四) 梳理项目流程——基于问题解决

将驱动性问题分解为子问题链之后,还需要一步步解决这些问题。对于解决问题的步骤以及整体的流程,学生们集思广益,先各小组讨论,再总结交流得出最佳的流程。根据学生们的讨论结果,我们对整个项目的流程进行了汇总,如图 1 所示。

实施过程	内容线索	问题线索	学生活动线索
入项：承担起责任与期望	设计观察表格	如何设计观察表格记录小豆芽的成长过程？	小组讨论，设计观察表格
为绿豆种子创造发芽条件	种子的结构及种子萌发需要的条件	种子萌发需要什么样的条件？	观察、解剖种子，学习并讨论种子萌发需要的条件
	设计并制作塑料瓶发芽装置	如何利用塑料瓶制作发芽装置？	利用跨学科知识与技能，小组设计并制作塑料瓶简易发芽装置
观察记录小豆芽成长历程	观察记录小豆芽生长过程	如何收集小豆芽生长过程中的信息？	小组成员分工协作，观察记录小豆芽的生长过程
	用观察日记的形式记录豆芽发生的变化	如何把观察记录表中的内容整理成观察日记？	回顾日记格式，写观察日记并分享，互相评价
探索自己	学习豆芽品质	豆芽有什么样的品质？	通过游戏以及绘制盐画等活动感悟豆芽的坚强，学习豆芽的品质
出项：分享项目研究历程	学习制作用PPT进行汇报展示	如何汇报展示？	小组合作，制作PPT，并进行展示介绍
	总结交流并用一堂课展示项目成果	如何设计一堂课的展示活动？	在课堂中主持并介绍整个过程，组织小沙龙表演，让优秀小组上台展示
知识与技能：跨学科	结果：问题解决		中心：学生活动

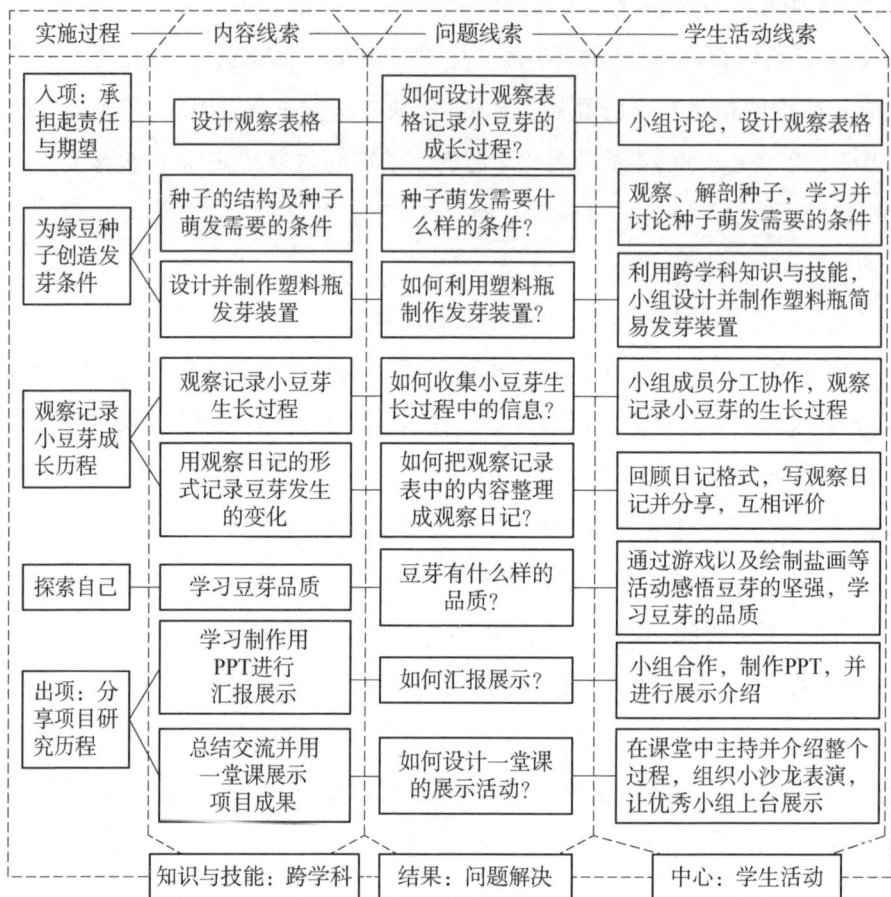

图1　项目流程梳理

二、项目化学习"小豆芽成长记"助力生命教育——体验炫彩生命

"纸上得来终觉浅，绝知此事要躬行"，一切准备就绪之后，学生开始踏上体验

生命的旅途。

（一）入项：承担起责任与期望

如何让学生照顾好、观察好绿豆芽？入项时，我们为学生寄出了一封信，并隆重举行了分发绿豆仪式。每个学生都收到了"来自小豆芽的一封信"，也明白了小豆芽把生命交给了他们，不能辜负小豆芽的期望，要团结一致，每天照顾好、观察好小豆芽的生长。

（二）合作探究，解决驱动性问题

当把核心知识融入真实情境，并以学生视角抓住最有趣、最想破解的问题时，学生就拥有了最强大的学习动力。教师和学生一起想方设法寻找答案，破解眼前迷局，复盘整个探索过程，呈现属于每个人的个性成果。为了让绿豆生长成为健壮的豆芽，每个组齐心协力，一步步进行探索。

1. 创造种子发芽条件，呵护最初的生命

针对"绿豆种子有什么样的结构？绿豆种子成长需要什么样的条件？如何根据种子萌发需要的条件设计并制作发芽装置？"等问题，学生在自然课和劳技课上进行了探索，创造条件呵护绿豆芽最初的生命。

案例1　创造发芽条件：创建种子成长的条件和装置

在自然课上，学生通过观察、解剖种子，知道种子由种皮和胚等构成，用简单的对比实验探究了种子萌发需要的基本条件。小组搜集资料了解绿豆发芽的方法，也设计了对比实验来探究光照、压重物对绿豆芽生长的影响，最后思考并交流如何根据绿豆种子萌发需要的条件，用5L的矿泉水瓶设计绿豆发芽用的容器。

在劳技课上，同学们分享讨论设计发芽装置的思路，小组成员合作用5L塑料瓶制作发芽装置,为小绿豆创造温暖的家。发芽装置主要由可以滤水的瓶身和防止漏水的托盘构成。制作过程中,小组成员分工合作,体验裁剪瓶子、胶贴、钻孔的过程,制作发芽装置,并根据评价表进行评价。制作好容器之后,各个小组将浸泡了一夜的绿豆转移到新家,放到教室后面的柜子上,每天进行观察。

图2　创建种子成长的条件和装置

2. 记录豆芽成长历程,见证生命的成长

在绿豆发芽的过程中,合理的观察与记录可以帮助学生了解绿豆芽的变化,掌握观察事物的方法。观察时,应该记录什么? 如何设计表格展现出绿豆芽的生长情况? 每个小组在组长的带领下开始设计观察表格,最后分享交流,确定了要观察记录的内容,包括观察时间、绿豆芽长度、绿豆成长情况以及感受与联想等。

在老师的指导和评价机制的激励下,学生每天精心照料绿豆,见证生命的成长。每个小组根据之前设计的观察表格,记录着每一天绿豆芽的变化。小组成员分工明确,有的负责换水,有的负责记录观察表格,有的负责拍摄……安排得井井有条,豆芽也在一天天飞快地成长。

经过了连续7天的观察,每组已经完成了观察记录,积累了很多材料。如何把观察记录表中的内容整理成连续的观察日记? 学生在语文课上进行了学习与尝试。

案例2 记录豆芽成长历程:撰写观察日记

语文课上,学生尝试撰写观察日记。在这个过程中,遇到了一些问题,比如:观察了7天,写几篇观察日记比较合适呢? 在写观察日记时,记录绿豆哪些方面的变化? 只写绿豆的变化吗? 为了解决这些问题,同学们认真思考,积极发言提出解决问题的方法,完成了观察日记的撰写,并在小组内分享观察日记。同学之间互相分享并修改观察日记,同时根据评价表进行互评。

表1 "观察日记"习作评价单

写作要求	小组评价
日记格式正确,能写清楚绿豆发芽的过程	☆☆☆☆☆
能写清楚观察时的想法和心情	☆☆☆☆☆
能交待必要的观察时间	☆☆☆☆☆

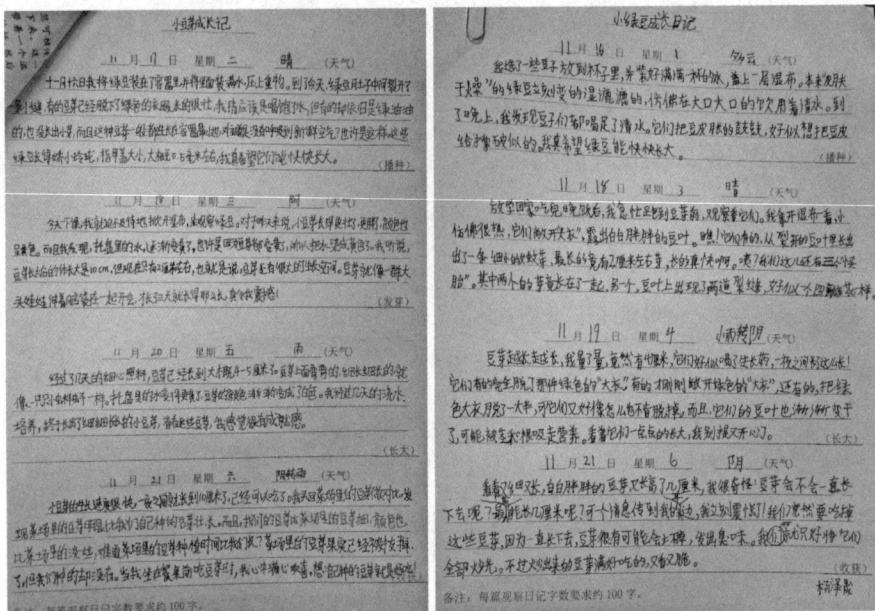

图3 学生的观察日记

3. 探索自己，"盐"续炫彩生命

在此之前，学生们已经亲历了一颗颗小豆子发芽的历程，心理课通过"绿豆—豆芽—芽苗—豆秧"游戏、创作盐画等活动，聚焦学生在此系列过程中对内心世界的探索，引发学生对于"生命"的感悟，延续小豆芽的炫彩生命。

（三）出项：分享项目研究历程

学生在观察小豆芽的成长中积累了很多照片、视频等材料，也有很多感想。如何将这些材料加以整合并呈现出来？学生们进行交流讨论，最后决定以PPT形式呈现出来。信息课上，同学们以小组为单位，学习制作PPT。最终，在老师和家

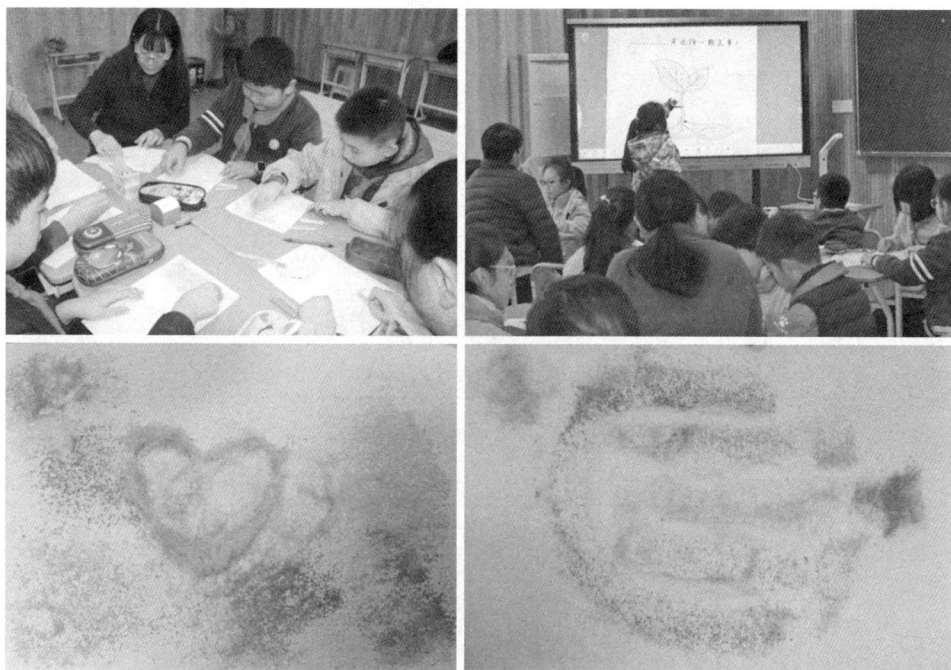

图4　对生命的探索

长的共同指导下,每个小组完成了 PPT 的制作。老师和学生共同评选出比较优秀的小组进行课堂展示。

案例3　设计一堂课,展示项目研究历程

如何通过短短 35 分钟的汇报展示让其他同学和老师感受到项目小组体验生命之旅的收获,这极大地考验着学生的能力。要通过什么形式展示?我们要做什么?同学们在讨论之后,最终确定了展示流程,如表 2 所示。

表2 项目展示流程

主持人：×××同学、×××同学	
序号	活动内容
1	活动整体介绍
2	小组展示1
3	小组展示2
4	沙龙
5	家长代表发言
6	颁奖
7	活动总结

学生自主完成的这次展示很精彩,当把主动权交给他们时,他们会格外用心,也会预测各种情况并预设解决方法。每一个小组在上台汇报前都精心设计了自己的汇报方式,认真准备汇报演讲稿,仔细揣摩语气、排练队形。在上台展示时,每个组介绍了这次活动中的收获,也分享了自己写的观察日记。阳光小组通过一段沙龙活动视频将自己的体会进行了分享,其部分收获与感想如下:

学生1：从绿豆给我的信中,我知道小绿豆把生命托付给了我们,我们不能辜负它们的期望。但是,单凭个人的力量是不够的,于是我们组团结一致,每天悉心照顾小绿豆。有的同学换水,有的同学记录,有的同学拍照,我们的分工井然有序,并且在信息课上合作完成了精美的演示文档。在学习中,我们也要互相帮助、互相补缺,这样才会更上一层楼。

学生2：通过心理课上"绿豆—豆芽—芽苗—豆秧"的游戏,我了解到小绿豆芽想要变成豆秧很不容易。在这个成长过程中，会遇到许多困难，但它们坚持不懈，顽强地生长着。我们应该学习它们那种永不放弃的精神，珍惜生命。在生活和学习中，不管遇到什么困难，我们也不能退缩，要相信自己。生命很可贵，应该珍惜生命中的每一天，这样才能对得起那些在疫情期间不惜牺牲生命保护我们的英雄们。

图5　学生们的精彩展示

能够亲身体验绿豆变成豆芽的过程，每位同学都有很大的收获。学生投入到项目化学习中，自主选择问题并且通过小组合作解决了一个个小问题，最终回答了驱动性问题，收获了满满的成就感。同时，通过实践活动，学生体验到了生命的意义。

学习方式的转变也激发学生更主动深入地思考，学生在观察豆芽生长的过程中又衍生出许多问题，比如有学生会问："老师，我们的豆芽为什么跟菜场里卖的豆芽不一样？""老师，我们为什么用绿豆种子？"有些问题老师一时也难以回答，但它们像一颗颗石子，激荡起了学生内心深处思维的涟漪。

三、后续思考——优化项目化学习,助力生命教育

著名教育家陶行知先生说:"创造始于问题,有了问题才会思考,有了思考,才有解决问题的方法,才有找到独立思路的可能。"在基于项目化学习的生命教育中,学生在真实的学习情境中解决问题,"体验"生命的意义。为了更好地发挥项目化学习对生命教育的积极作用,释放学生的主体性、能动性、创造性,我们结合本案例进行了以下优化思考。

(一) 精心设置项目化学习内容,丰富生命教育内容体系

中小学阶段的课程几乎都渗透着生命教育,跨学科的项目化学习可以将生命教育最大化且有机渗透、融入、整合到其他课程的教育教学内容中去。而项目化学习中研究性学习内容的确定是关键环节,它影响着项目化学习实施效果的优劣,甚至决定着其成败得失。在"小豆芽成长记"中,教师考虑了项目中的内容是否与学生的身心发展阶段、能力、兴趣相匹配,学习内容是否具有启发性,问题是否具有开放性等特点,让项目真正具有教育价值。

(二) 找准教师的角色定位,凸显学生在生命教育中的主体地位

在基于项目化学习的生命教育中,学生是学习活动的主体,而教师是项目的指导者、参与者、组织者,要把握整个项目始终指向驱动性问题背后的本质问题的解决。在学生遇到各种问题时,为学生搭建知识与能力发展的脚手架,助其稳步往前走。在"小豆芽成长记"中,当驱动性问题产生后,教师要及时指导学生快速找到解决问题的轨迹,并精心设计各种活动。当学生进行挑战性的学习任务时,如果经过努力仍然不能自己解决问题,教师就要提供支持。项目化学习不单是学

生的学习,也是教师的学习。教师要调整自己的教学观念,拓宽教育视野,找准自己的角色定位,凸显学生在生命教育中的主体地位。

(三) 多元评价,建立学校、家庭、社会的生命教育合力网络

基于项目化学习的生命教育的实践活动具有体验性、动态性与真实性等特征,其评价要采用更加多元、丰富、真实的方式,注重同时运用过程性与总结性的评价策略以及多元主体参与的评价方法来引导和促进学生参与学习的积极性。在"小豆芽成长记"中的每一个阶段都需要设计评价量表,记录学生的学习方式、学习状态、学习成效在不同时期的表现,落实过程性评价。在评价时,教师评价、同伴互评、家长评价和社会评价相结合,建立学校、家庭、社会的生命教育合力网络。在出项时,综合各组的表现,举行富有仪式感的颁奖环节。通过多元评价,提高学习成效。

参考文献

[1] 夏雪梅.项目化学习设计:学习素养视角下的国际与本土实践[M].北京:教育科学出版社,2018.

[2] 夏雪梅.项目化学习:连接儿童学习的当下与未来[J].人民教育,2017(23):58—61.

[3] 龚豪.小学生在项目化学习中合作性问题解决能力的行动研究[D].上海:上海师范大学,2020.

[4] 郑彬.国际视野下我国中小学生命教育的研究[D].上海:华东师范大学,2013.

张文豪　上海市嘉定区清水路小学自然教师　教龄 1 年

第五章

转换评价体系的活力

17. 多元价值评价浇灌活力青春

罗素说"幸福源于参差多态",然而在单一的应试评价体系中,本应对人生幸福有所体悟的少男少女们,却常常面露苦色。2019 年,当我与这个班级的孩子们初次相遇时,看到的是笼罩在他们头上的小小阴霾。青春的朝气和活力,经过一年来多次测试成绩的反复打击,渐渐消失了……

经过一年的摸爬滚打、奋力挣扎,他们饱尝的却是"失败"的滋味。第一次家访时,常有家长对我说:"孩子实在是太差了,学也学不好。"看着家长紧锁的眉头,孩子强忍的泪水,我陷入深思:何以痛苦、纠结、自我怀疑成了这群孩子生活的底色?

教育的评价本应是多元的,而统一标准的测试评估体系则让教育变成了一场残酷的单向道竞跑。当成绩成为评价体系的风向标时,教育的活力要从何谈起?陶行知先生曾说:"活的教育,就要知道儿童的能力是不相同的,我们要设法去辅助他,使他能力发展。"①可见,教育活力的激发,不是源于"竞争比较",而是源于看见差异。尊重差异,才能帮助儿童获得个体能力上的成长;当学生感受到自身的独特价值时,学习的热情才可能被点燃。

由此,我开始寻找契机,试着驱散他们心头的阴霾。

一、击碎自我偏见,重新认识独特自我

(一) 任务小组——"每个人都很重要"

改变的契机是一次学校组织的徽州研学活动,蓝天与绿草的大自然气息将这群困在试卷里的孩子们带到了山间田头。这是一次展现自我的机会。

为了发挥每个人的聪明才智,我让每个学生选择加入自己感兴趣的工作小组:"宣传小组""摄影小组""采购小组""戏剧排演小组""卫生互助小组"……打破原有的由班委全权负责的组织管理形态,让学生们在完成工作任务的同时参与各小组的管理项目。无论性格内向还是外向,是否有班干部工作经历,都不影响他们在小组内发光发热。"要赢得团队的尊重,就要努力发光,大家寻找机会勇敢地表现自己吧。"这是我给他们提出的小小要求。

当每个人拥有了自己的使命感之后,他们身上的青春活力也被激发了。每天学农的工作非常辛苦,但宣传小组的成员都会第一时间更新公众号,呈现学农的点滴趣事。内向的小 W 同学,为了拍摄出一张精彩的学农大合照,还特意从家里带来了珍藏的"无人机",收集每一个精彩瞬间。善于文字工作的小 C 和小 H 同学,每天八点准时供稿,用优美的文字记录下同学们的收获与快乐。

活动最后,我发了一条朋友圈,并分享到了班级群里,夸奖了这些勤劳的"小

① 陶行知. 陶行知谈教育[M]. 沈阳:辽宁人民出版社,2015:22.

蜜蜂们":"最后一张照片,赞一下我们班级超强的幕后工作人员!每天一更公众号的小 W 同学,即使晚上 11 点也会及时更新;小 H、小 C,每天撰写文笔优美的学农日记;戏剧编剧 Z 同学、F 同学,奋战两晚写出了文质皆美的剧本;小 L 和小 G,还有很多小伙伴们,绘制文化衫到深夜,小 L 还因此病倒,让人动容。每一场精彩表演的背后都有幕后人员的辛勤付出,每个团队里都有默默奋斗着的人,感谢你们每一个人!"

借助团体活动任务对学生进行多元价值评价,可以帮助他们感受到自身在团队中的力量。苏霍姆林斯基曾说:"教育儿童要通过周围世界的美、人的关系的美看到精神的高尚、善良和诚实,并在此基础上在自己身上确立美的品质。"在团队中,学生最容易感受到他人的关注、自我的力量和人与人之间善意的支持。在这个过程中,教师要做的是给学生提供"被看见"的机会,当学生懂得欣赏自己的能力和团队中的其他成员时,对自我和他人的评价方式就开始从唯分数论的状态中走出来了。

(二) 破除偏见——"我们女孩子,也是很棒的"

学农中的一个惊喜的"契机",也让学生们破除了对自己的"偏见"。

在景观园林搭建的过程中,班里有一个全由女生组成的小组,搭建的进度远远落后。我在旁仔细观察了一下她们的小组分工,每个人只是找自己以前班级认识的同学合作,缺少沟通和整体协作。于是我让她们停下来,重新思考如何分工有利于提高效率之后,小组进度明显提高了,最后还被选为了优秀小组。该小组作为优秀小组,代表班级上台向全校同学介绍经验,作为代表的同学非常真诚地讲述了小组从落后到逐步赶超的过程,并表达了对老师和小组同学的感谢,认为有希望可以获得一个好的成绩。其他同学也受到了这一小组的鼓舞,大家齐心协力,精益求精地完成了自己的搭建任务。

然而，其他班级的代表上台演讲时，为了表明自己小组搭建的优越性，竟然直接点名我班的"优秀小组"："像刚刚这组演讲的同学，没有规划就开始工作，本身是错误的，我们小组一开始就处在一种非常好的整体规划中。"并且公然表示，自己小组的绝对优势就在于"全是男生，所以工作效率高"。言谈中流露出了极其明显的优越感，让我班演讲的同学感觉到了一种强烈的压迫感。之后几位学生的精彩演讲再次刺痛了我班同学的神经。在这个"强者如云"的地方，"平凡""改变""反思"本身似乎带有了落后的意味。众人默默不语，气氛再次压抑起来。

而当最后评奖公布的时候，大家意外地收获了惊喜：高二(1)班园林搭建小组，一个全校第二，一个全校第一。同学们难掩心中的喜悦，欢呼起来！女生小组获得了第一！小F同学上台发表获奖感言时说："我们尽了自己最大的努力，感谢我们小组的每一位成员。刚刚有个小组说，女生在搭建结构方面是不行的，我想告诉他们，女孩子们也是可以的！"一语既出，全场鼓掌。我班同学也瞬间有了扬眉吐气之感。

我不希望这戏剧性的一幕酿造的仅仅是瞬间的喜悦，所以在回程的大巴上，我和他们交流了对这件事的看法："当下这个时代，是一个需要展示自我的时代。你可以夸耀自己，但是不可贬低他人。某班的同学，应当反思自己今天演讲的内容。我也知道当你们听到他的表达时，心里很难过，可能觉得被鄙视了，但是被他人鄙视并不可怕，可怕的是自己也相信了这种鄙视。今天的收获告诉我们，当被鄙视时，语言的辩驳是无力的，最好的方式就是努力地去做好，用实力向对方证明自己！"

在这次戏剧化的比赛中，我看到了学生身上的青春活力，脱离了单一评价模式的真实社会情境，给予了他们更多展示自我的空间，也让他们发现了自身的"优秀"。在团队的活动中，教师应该给学生创设解决问题的空间，并使其在肩负任务的过程中感受到自身能力与发展，如此，便是一种基于真实体验的有活力的教育。

课堂学习难以创设的情境,可以通过社会实践来补充,而教师要做的,便是努力搭建教育的平台,创造教育的契机。

二、转换单一视角,寻找多元的青春价值

在强竞争的学习环境中,要发自内心地欣赏身边的人,变成了一件困难的事。作为任课老师,我曾经接触过很多不同风格的班级。有互相帮助,包容每一个差生的班集体;也有陷入成绩比拼,互相碾压,甚至歧视差生的班集体。单一的评价模式,可能会让学校变成战场,班级变成赛道。你争我赶的班级环境,是冷漠而残酷的,以分数论高下的偏见,对孩子产生的心灵破坏也许是终身的。

教育应当激发学生心灵中追求"善与美"的活力,而不仅仅是一种"竞争"的活力。心灵的温暖,真诚的善意,应当在每个孩子的心中绽放,这才是让他们在将来人生漫漫长路上永久前行的"活力"。

为了种下这颗善意的种子,我希望班级同学不仅能够破除自身的单一评价,更要用多元的眼光看待身边每个人的价值。

(一)审视非理性认识,发现正确评价视角

每次考试结束,班级中总会有一些学生出现情绪崩溃的情况,在与这些同学深入交谈之后,我了解到他们在学习方面存在的许多非理性认知,如认为"如果努力没有效果,就应该放弃努力","为什么自己总是考不过某某,一定是自己能力有问题",或者"如果考试考得不好,同学们就不会喜欢自己了",等等。

在班会课上,就这些问题,我们进行了交流讨论:"学习努力了没有结果怎么办?""我们是否应该和身边的人比较成绩?""如何面对自己最差的一门功课?""成绩不好是不是就没有尊严了?"在集体讨论中,同学们逐步认识到自己这些想法的

"非理性"之处,也懂得了"只和自己比赛"的意义。

孤独内心空间中的痛苦与怀疑,并不是学生在"为赋新词强说愁"。每个学生对于自身价值的感知是不相同的,有时候看到不同观点的碰撞非常重要。在这些讨论中,成绩落后却乐观的学生,真诚地分享了自己调节情绪的"小妙招";擅长学习的学生,也真诚地表达了自己在比较中所感受到的痛苦。通过排除成绩因素,构建平等的交流空间,他们听到了彼此的声音,感受到了潜藏在每个人身上的心理能量。

(二) 班会教育: 懂得欣赏自己,欣赏他人

当同学们逐渐熟悉之后,围绕多元评价,我开展了班级主题活动"说说你目前人生中最骄傲的三件事",让每个同学介绍自己最为得意的人生三件事。

活动中我给出了要求:不能光谈学习方面,尽可能涉及生活的方方面面。突破了成绩的单一指标后,我们收获了很多非常有趣的故事。"篮球生"小沈同学,从小跟着母亲到各地打比赛,住在条件艰苦的宿舍中,一路奋战,一路前行;小马同学每周可以读完 6 本书,并且可以和同学们细致地分享这些书的内容;小曾同学在没有从小学习击剑的情况下,苦练一年后,击败了练剑 5 年的击剑学员;婷婷同学可以徒手画出一幅巨大的地图等。在班级同学此起彼伏的赞叹声中,陌生的名字变成了鲜活的故事,每个学生都收获了他人的欣赏,也慢慢悟出多元评价的重要性。

(三) 分散式工作安排,人人各尽其职

我班建立了庞大的学生自主管理系统,共有班委 16 人,课代表 20 人(课代表不可由班委兼任),还有班级图书馆管理员、多媒体管理员、电话接线员,以及数学答疑小组长 4 人、生物答疑小组长 4 人,几乎人人都有自己的"工作岗位"。如此分

散的学生工作安排,就是为了让每个学生都感受到自己在团队中的重要性。闻道有先后,术业有专攻,我一直告诉他们,对于自身擅长的事情,就要积极主动地在团队中贡献自己的力量;要在团队中获得肯定和尊重,就要展现自己的能力和价值。这种班委建立模式,让学生收获了更加多元的同伴评价。

(四) 参差多态的自我追求,多元之美在此绽放

打破单一评价体系后,学生们开始勇敢地在学校寻找各种绽放青春的舞台。

班级的黑板报,不仅由宣传委员来完成,还有 10 名自发组成的宣传小组成员。擅长绘画书写,就要勇敢表现,在他们的共同努力下,班级的黑板报获得了学校优秀黑板报评比的一等奖。

班级中原本因成绩自卑的几位"体育生",也在包容的班级环境中,获得了价值感。小 S 和小 C 同学,虽然成绩落后,但作为学校篮球队的明星成员,屡屡为校争光。他们作为班级的体育委员,在班级管理中感到了自信,也和同学们建立了深厚的友谊。小 C 同学更是凭借自己优秀的表现,被评为上海市优秀运动员。

我班的少女小队 6 人,在学校健美操队的各项比赛中,屡获佳绩。小 H 同学利用自己弹奏中阮的特长,课余时间在学校艺术角表演,假期里参与上海市学生艺术团的高规格演出。

除去单一评价的有色眼镜,这是一群多么优秀的学生! 他们在班级工作中的热情付出令人赞叹,在篮球场上的拼杀让人难忘,跳健美操时优美的身姿是一道靓丽的风景,每一滴汗水、每一个音符都蕴含了他们对于生活的热爱。青春应该是多彩的,怎么能因为成绩的落后,就让青春变成灰色呢?

鼓励学生寻找丰富多样的个人价值,并且给予他们充分的肯定,使他们能够驱散阴霾,让光亮透出来,既照亮了自己,也照亮了身边的人。个人敢于展示特长、表现优势,同伴之间互相欣赏、互相尊重,成为我们班级文化中最重要的一项

内容。

三、结语

钱理群先生曾警示我们，中国的教育正在培养一批精致的利己主义者。他们眼中只有利益，却失去了心灵的高贵。反思这种现象的形成，或许与唯分数论的单一评价体系有很大的关联。要浇灌出教育的活力，必须破除这种单一评价带来的影响。

《多元智能新视野》中重新定义了智能："智能是一种解决问题的能力……解决问题的能力，就是能够针对某一特定目标，找到通向并实现这一目标的正确路线的能力。"[①]传统的量化评估测量的只是应试能力，真实情境中学生的创造性表现和潜能容易被忽视，受教育者在任务中的情感态度、价值取向等内在素养也被掩藏了。多元价值评估，要关注的就是学生的素养和潜能，承担责任、团队协作、解决问题、对抗压力等内在素养应被纳入评估考量。

在教育实践中，我意识到了构建真实情境以改变学生自我价值评估的重要性，也进一步思考以多元评价激发教育活力的一些关键点。

（一）教育的"活力"生根于"被看见"的渴望

充满活力的教育，首先应看到受教育者的渴望。每一个学生都有着"被看见"的渴望，在单一评价体系中，这种渴望只能通过优异的分数得到满足，因而导致大多数学生价值感的缺失。

这种情况，需要教师的积极关注与引导。在日常学习生活中，教师应多观察

---

① 霍华德·加德纳. 多元智能新视野（纪念版）[M]. 沈致隆，译. 杭州：浙江人民出版社，2017：25.

学生，了解学生。日常的聊天可以成为教师了解学生价值观的契机，多关心学生喜欢什么，业余爱好是什么，借助兴趣爱好的展示给予他们"被看见"的机会，发挥正向激励作用；也可以利用集体活动，设计多种形式的情境，让学生更加勇敢地展现自身优势，散发青春活力。

（二）教育的"活力"发芽于"被肯定"的期待

我曾看到过后进生被"优等生"嘲笑的场景："学了这么多，还是不及格""你怎么这么简单的题目都不会呢"……这些看似玩笑的表达令人难受。每一个学生能力的起点并不相同，而唯分数论则更进一步放大了这种差异。

青春期的敏感心灵，需要在安全温暖的集体环境中成长，因而注重多元价值评价的班集体建设非常重要。对此，教师应帮助学生破除原有的评价模式，建立新的同伴评价视角。对于成绩优秀的学生，教师应当让他们明白尊重他人的重要性，鼓励他们看到后进同学身上值得学习的优点，看到他们对班集体的点滴付出。而对于后进学生，教师要敏感地体察其心理波动，及时鼓励安慰，让他们学会在自我接纳的基础上逐步改变。在同伴教育中，让学生倾听彼此的声音，表达理解与感谢，以此让他们感受到自身的每一次小小进步，获得向阳而生的勇气。

（三）教育的活力绽放于"被需要"的价值感

"被需要"的价值感也能带来教育的活力。在班级管理中，不应只从学生能力高下的角度来分配任务，应当将班级管理工作视作锻炼学生能力的有效情境，给学生充分的"试错"机会。鼓励每个学生为班集体建设付出努力，创设出不同于传统班委的管理角色，让他们勇敢地尝试。这些"角色"点燃了学生建设班集体的热情，使其感受到了自我的成长。

一旦学生的价值感被激发，功利主义的影响就会逐渐削弱。班级图书馆的书架,男生、女生争着用图纸、锤子来安装;高二的话剧表演,就算排练到深夜,也要拿到最佳演员奖;高三的课堂演讲,不计分又如何,照样说得绘声绘色,神采飞扬。我相信他们的这些"高光"时刻,会成为一生美好的回忆。非功利的班级氛围,带来的是真诚的互相欣赏,这才是青春的活力!

教育不应是僵化、单一、冷酷的,而应当拥有其温度。教育者用自身的温暖促进学生心灵的成长,让他们懂得爱自己、爱生活,同时也欣赏他人、尊重他人,这就是一种"充满活力"的教育。

青春有着绚丽的颜色,教育的评价也应当是五彩斑斓的,以多元评价浇灌青春,活力将在此绽放。

张慧　上海交通大学附属中学语文教师　教龄 9 年

18. 用多把"尺子"丈量学生

溯始：误触学生心声，叩启改变之门

"同样的时间，同样的地点，同样的课堂，100 分的同学比 78 分的同学每一方面都要更优秀吗？换一种教育思路，这可能是伪命题，因为他们未必在同一把尺子上。"这样的思考，缘起于我的一次表扬。

在一次随堂练习中，我发现学生小圣虽然基础不扎实，只有 78 分，但是他的小练笔写得很好，于是当众表扬了他，并鼓励同学们下课后可以去看看他的练笔，互相学习。可这个表扬，却让他收获了一些略微刺耳的嘲笑："他才考了 78 分，他的练笔有什么好看的？"这种情况让我这个教育"新手"有些不知所措，同时也引发了我的思考：我该如何回应？

思考驱动着我前行。我仔细阅读了中共中央、国务院于 2020 年 10 月印发的《深化新时代教育评价改革总体方案》，这份文件标志着新的教育方向，强调教育工作者应扭转不科学的教育评价导向。从前文提到的学生表现看,评价体系确实亟须改革。

顺势而为,顺势而变。评价的本质是标准的制定,应跳脱出原来的单一标准。新时代的课堂评价需要有多把"尺子",通过创新学生评价方式,达到拓展学生能力、全面育人的目的。

现状:新陈交替之间,丧失活力的课堂

随后的实践中,我发现:传统的教育是单一的"传道授业解惑",老师是课堂的绝对主导者。古人对教师素有"高山仰止"的神圣印象,一方面,"师者权威"确实能有效地传播知识;另一方面,随着社会的发展,学生数量不断扩大,如今学校一个班至少有 40 名学生,大班环境下出现了一个问题:如何让尽可能多的学生参与到课堂中来呢? 从教不久后,我便发现:学生小学一年级入学时,在课堂上发言很积极。不管平时成绩优异与否,学生都很乐意参与到课堂中来,但随着年纪的增长,课堂上举手发言的人越来越少,那些为数不多的"小树枝"中,不少是老面孔,甚至平时成绩优异的同学都羞于举手发言……渐渐地,我发现学生习惯了被动接收知识,导致一些开放性的语文列举题常常难倒了一大批学生。

这是一个恶性循环。课堂失去了活力,即使平时语文课上得还不错,教师和学生对文本的解读也深刻,亦是收效甚微,学生的语文学习能力就是提高不起来……以上问题的症结就在于学生在语文课堂上自主学习意识和方式的缺位。

"把评价的权力交给学生"这个概念虽已被提出,但是落实得却很艰难。我经过多次课堂实验以及观摩经典课堂实录,发现目前正处于评价体系改革之时:旧的力量依然强大,新的力量也在萌芽。如此新陈交替之际,想要改变,更需要大刀阔斧的勇气。我觉得当前中小学评价的问题主要存在于三方面。

1. 学生评价呆板。我发现评价权力的下放也不能"一刀切"。课堂上没有教师的指导,学生的评价质量参差不齐:有的直击核心,有的总是在外围打转,有的清晰明了,有的含糊不清……如此状态下,学生评价时漫无目的,也不懂得评价的好坏,没办法指出问题所在。这导致课堂效率降低,学生课堂上纠错提升学习的机会大大减少。

2. 教师评价单一。教育方法的趋势是"鼓励、接纳"孩子,但是这一旦演变成课堂上对学生无底线包容,就成了一种矫枉过正。在课堂进行时,我经常发现自己"词穷",把"真棒,太棒了"挂在嘴边,实则是词不达意,没有一针见血地指出学生的不足,更没有给出引导他们进一步提升自己的方向。尤其是低学段心智不成熟的学生,很容易在漫无目的的夸奖中失去分寸感。

3. 评价目标陈旧。教学目标有如课堂行进的灯塔,从目标的提出到达成,让课堂形成一个完美的教学环,否则在课堂的大海中很容易失去方向。然而课堂评价环节往往与目标不配套,有时候更像是为了评价而评价。例如在课堂中,老师如果提问"请同学来评评他朗读得怎么样",学生给出的答案往往陈旧呆板,不符合自己的预期。知识面不广的学生只能给出"我觉得他读得很好""我觉得他读得很流利"等浮于表面的评价语,对课堂的教学没有实质用途。

教师应该真正意识到,传统的教育评价体系在新时代大浪潮面前确实乏善可陈,"ABCD 等级制"更像是划分学生层次的工具,并没有起到帮助学生进步的作用。而且评价体系改革虽为当前的教育热点,但其背后实则是"隐形空白区":方法的空白、指导的缺位。而这一空白,需要大量的实践去完善。

行动: 知行并进之时,多种评价激发课堂活力

新时代要求教师创设真正以学生为中心的"活力课堂"。"活力课堂"的多把

"尺子"应该是怎么样的呢？我尝试从三个方面去努力探索：换位评价、合作评价
与精准评价。

1. 寻求"横看成岭侧成峰"的换位评价

叶圣陶先生在《中学国文学习法》中写道："学生是学习的主体……关注个体
差异和不同的学习需求，积极倡导自主、合作、探究的学习方式。"语文学习活动是
一个由内而外生发的过程，即我们常说的"培养学生的语感"。语感是一个玄妙的
东西，就像"天赋"一样，每个人确实不在同一条起跑线上。

面对一群语感不同的学生，我尝试在课堂使用"换位评价"这把"尺子"。创新
课堂评价的方式，让对语言组织更敏感的学生来提供方向，让学生换位评价，引导
学生在有目的的评价中碰撞出学习的火花。

例如在教授比喻句时，我首先通过课本上的比喻句总结出比喻句的特点，让
学生对比喻句有初步的认识。

> 师：一个合格的比喻句要满足这几点要求：
> (1) 要有比喻词"像"。
> (2) 比喻句的两个事物要常见、易懂。
> (3) 比喻句要贴切，两个事物间要有共同点。

接着，我试着不做引导，不帮学生找参照物，让学生自由发挥说说自己理解的
比喻句。课堂上自然出现了很多令人啼笑皆非的答案，例如：

> "我到底像爸爸还是像妈妈？"
> "柳条像白白的胡子。"
> "他好像哭了。"

　　"我们的祖国像一只公鸡。"

　　我把这些答案罗列在黑板上,让学生换位思考一下:如果你是评价者,觉得上面的答案符合课堂上学的比喻句的要求吗? 可以在哪些方面改进? 最终我将两版答案进行对比,有了惊喜的发现:其实学生的学习能力很强,而且在一部分语感好的同学的引领下,学生没有简单粗暴地完成改写。我以为"柳条像白白的胡子"会被改成"柳条像绿绿的胡子",但嘴快的同学一下子点破:"只有下雪了,柳条才会像白白的胡子! 就像电视里的老爷爷那样!"

　　丰富的想象力最可贵。最后呈现的答案如下:

　　"柳条像白白的胡子。"被改成"下雪了,柳条上都是雪,白白的,像老爷爷的胡子。"

　　"我们的祖国像一只公鸡。"被改成"地图上的中国,像一只神气的大公鸡。"

　　"横看成岭侧成峰",换位评价就是换位思考,可以运用于许多开放的造句题中。课堂上学生在教师的指导下,用自己的思考方式去进行评价。给予学生评价的权力,让他们自己去发现错误、去学习,这使许多孩子特有的奇思妙想能够得以展现。

　　错误的答案不一定没有价值,通过学生的换位评价,我们可以从错误的答案中挖掘出宝贵的信息,从而让学习在课堂真实发生。通过错误的答案,学生还拓展了"像"这个词的两种不同含义。这才是有活力的学习,也是学习真正的意义所在。

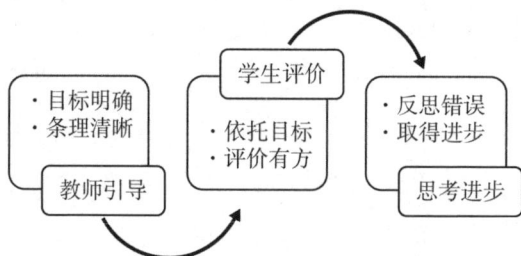

图 1　正向课堂评价体系

2. 挖掘"同舟共济扬帆起"的合作评价

合作评价是第二把"尺子",它的重要目的就是挖掘学生的"好问、好学"精神。在小学语文课堂中,生字教学是一个主要难题。课堂上教师也作过多种尝试,想要鼓励全班同学都参与,但也常常陷入困境:开小火车读,全班读完比较浪费时间;全班读,不会的同学的声音被淹没在琅琅书声中;随机抽取学生读,个体不能代表整体……如何让全班同学都参与到生字学习中,又高效精准地在课堂上完成检测呢? 这曾经困扰了我很久。

后来受到教研员老师的点播,我才发现一旦跳出"课堂上只有教师是评价者"的思维定势之后,问题便迎刃而解了。课堂上教师可以借助学生的力量,通过合作评价来激发学生的积极性,很重要的一点是给予学生"指导"的权力。

评价方式的创新让课堂一下子生动起来,集体的大课堂被拆分成了很多小课堂。在老师的引导下,同桌小课堂同时开展,大家都很珍惜当小老师的机会,前后鼻音、平翘舌、多音字、轻声,这些曾经让老师说得口干舌燥的知识点,通过学生互评被牢牢记住,实现了一举两得的效果。在同桌互评进行初期,我曾认真看过每位同学的作业本,发现同桌之间的勾画都很认真,不会的打上三角形,例如"勤(qín)劳"一词,"勤"作为前鼻音一直是一个易错字,但是在"小老师"这一身份的鼓舞下,学生都变得一丝不苟起来,认真查字典确认它是前鼻音还是后鼻音。原来,有时候是教师不肯放手让学生尝试，一旦作出新的尝试，学生的力量其实很大。

2. 读一读，记一记。

蛋糕(dàn)	雪糕	特别	特产	买主	买菜
面粉	粉丝	蔗糖(zhè)	甘蔗	熬糖	熬汤
果汁	青菜(qīng)	甜菜	口算	计算	销售
销路	劳动	勤劳(láo)	应该	有的(de)	的确(dí)

图 2　学生课堂作业本图片

图 2 展示的是学生课堂作业本的反馈，从字迹上可以看出，这是一位平时学习并不十分认真的学生，但是在担任小老师时，他如此认真，记下了每一个易混淆字的读音。这就是由内而外的学习。

"同舟共济扬帆起"，合作评价是利用课堂作业本上的生字词组，由同桌担任小老师，对同学的读音、读腔、识字量进行一一对应的考查。它可以运用在对新课生字词的学习上，对学生学习积极性的调动确实大有裨益。伴随同伴互评产生的质疑、争辩、论证等行为，不仅能促进学习者的反思，而且能激发一种群体互动的氛围，使学生深度参与到学习中来。

激发学生学习的兴趣，才能够建设活力课堂。当把把课堂还给学生，教师只扮演参与者、启智者的角色时，便能收获许多意外的惊喜。

3. 完善"咬定青山不放松"的精准评价

精准评价是第三把"尺子"，这也是容易被忽视的空白地带。精准评价的目的，是通过阶段性的呈现，引导学生反思自己的学习过程。在评价改革中，很少听到反思的声音，但学生反思要跟上，真正的活力课堂要做到在评中学，在学中评。

反思是一个过程性评价。如今我们的现代技术能够代替传统的成绩单，精准地对每一个学生完成记录。技术可以将学生学习中的表现，如课程学习状况、知识技能、校外学习和实践情况等全面准确地存储起来，整体上呈现教育教学过程的动态变化，摆脱"一考定终身"的状况。

在教学《雷锋叔叔，你在哪里》这一课时，我就创新了精准评价。

在前一天的课前导学中，我请学生录下自己朗读课文的音频。因为《雷锋叔叔，你在哪里》这一课的教学难点之一就是：读好一问一答的语气。

在课堂教学结束后，我再请同学们录下自己朗读课文的音频。

最后我请学生写下自己两个视频的不同之处，自行总结出第一遍朗读的问题，寻找改进之处。

精准评价的目的在于通过多种评价方式（如多种过程性记录：拍摄视频、录制音频、写一首小诗……）的阶段性变化，让学生能够反思自身的不主动现象，从而引导学生走向"主动学"。

初学
评价　学中
评价　学后
评价

图3　精准评价帮助学生实现"有梯度"的学习

不仅仅是学生，教师也可以利用精准评价来"对症下药"。班上有一个学生，一直以来动作很慢，在语文限时考试中往往只能完成四分之一的卷子。平时测试时我总是一再允许他拖延时间，做完后基本能拿到80分。但以前我总是紧盯他那些写不对的生字，忽略了对他速度的训练。

上面的案例就是我对他评价的一个偏差，最终导致期末限时训练时，他只考了30分。后来，通过每次练习、听写、阅读的数据分析，我发现他虽然基础掌握得不够好，但最大的问题还是动作慢、阅读能力不够。之后我不再抓着细微的读音和每一个生字不放,而是试着"抓大放小",重点训练他的速度和理解能力。现在的他,虽然也只能获得七八十分的成绩,但是能在规定时间完成练习了,阅读理解能力也大大提高。这就是他能力提高的一个表现。

咬定"过程"不放松。精准教学评价,适用于对学生进行阶段性评价(每周一次),通过现代技术将学生的成长变化一一展示,让教师和学生一起不断反思,调整进步的方向。通过描述学生取得进步的程度来评价教育教学的效果效能。技术与评价创新的融合使得"因材施教"在大班环境下真正发生,也为学生的学习注入了活力!

启新：任重而道远,立足多把"尺子"前行

学习像一条河,有时平静轻缓,有时急流湍湍。我们进行教育评价改革,就是希望通过多样评价,每个孩子都能偶尔回望水中的倒影,倒映点滴,皆是成长。

课堂上,用多把"尺子"评价的最终目的,是让学生能够更舒适、更灵活、更自主地学习,从而培育全面发展的新时代好少年。未来如何前行? 我认为还是要抓住两个关键问题。

1. 由谁来评价? 首先,课堂评价的主体要从教师转换到学生,教师要从施教者变为启智者。在"家校共育"的趋势下,评价者还可以由学生、教师、家长三方共同构成。在实践中,我发现家长们也是很好的改革对象,如今在家长反馈中有这样的评价:"孩子虽然短期成绩没有很大的提高,但是他的专注度从 10 分钟提高到了 30 分钟,这是好的变化。同时解题的思路也有所开阔,只是在小练笔的掌握上还有所欠缺,接下来一周会注重家庭阅读的跟进。"这样的评价,每位教师看到都会感到欣慰。改革任重道远,但是每一小步都弥足珍贵。在评中学,在学中评,两种声音交织,才能演绎出我们所追求的"活力课堂",让脚踏实地的学习在课堂

中真正发生。

2. 评价标准是什么？真正的有效评价有很多评价标准，诸如情感维度、知识维度、实践维度等。评价的标准也不是禁锢在一个学科里。在教授部编版《语文》二年级上册《我是什么》这一课时，我意识到这篇课文蕴含着大量的科学知识，于是布置了作业："同学们，记录你的发现，思考这是为什么。试着探寻原理吧。"交上来的作业虽然形式不同，但都有可圈可点之处。这让我更加坚定：新时代需要开放性作业，需要将评价标准从"知识"转变到"实践、操作、知识"上，勇于创新，跳出学科局限。教育评价改革应以新时代学生全面发展的核心素养为基准，让评价来激发学生学习的活力。

教育之渊大也，评价体系改革便是那源头一缕活水，在将近一年的"创新评价"、寻找多把"尺子"的尝试中，我也学到了很多。

不破不立。教育评价改革也是"摸着石头过河"，但不管是教师还是学生，都要有不怕"试错"的勇气。错误并不可怕，怕的是一成不变、固步自封。涓涓细流，点滴汇成海，小小的尝试亦是改革的基石。更何况，真正的"新活力"远不止于此，未来的教育我们正和学生一起探索，用我经常用于评价学生的一句话来说，那就是——太棒了，还能更棒！

参考文献

[1] 郑玉贞,林高明,林娟. 统编小学语文教材朗读训练编排意图及特点分析[J]. 语文建设,2020(14)：63—66.

[2] 魏忠凤. 教学与评价一体化在小学语文课堂教学中的行动研究[D]. 长春：东北师范大学,2006.

曹蕾　浙江省绍兴市柯桥区实验小学语文教师　教龄 2 年

19.　学生综合评价提升学校办学活力

　　伴随着学校对课程建设、团队发展和平台构建的探索日益深入,学生评价领域已成为基层学校提升发展品质的重要开发区。事实上,学生评价确能承载起如此重托。学生是学校的主体和核心,对学生评价进行的任何有益探索,都将有助于学校就"培养什么样的人""如何培养人"的问题审视自身行动,而通过审视发现的不足与突破点,将成为学校内涵发展的起跑线。《深化新时代教育评价改革总体方案》提出"改进结果评价,强化过程评价,探索增值评价,健全综合评价",向基层学校提出了立足过程,关注成长,以多种方法与手段针对多方面内容进行学生评价的要求。本文以"学生综合评价"作为这一要求的概括性表述。

　　进行学生综合评价,可以从学校管理、师资和学生成长多个角度优化学校生态,增强学校的办学活力。首先,围绕学生全面而有个性的发展进行学生综合评价,是对教育根本性任务的正面回应,也为学校启动系统革新提供必备基础。其次,学生综合评价需要调动校内所有的力量,这将推动学校提高资源配置和协调统筹的能力,促进管理优化。第三,学生综合评价的主要参与者是教师,为适应这项复杂工作,教师必须更新教育理念,加强团队协作,增进评价素养,获得新的发展。第四,进行学生综合评价,全面衡量学生发展状况,体现出教育对"学生作为一个完整的人"客观规律的遵循,有助于为学生提供更多维度、更有力的成长支持。从已有的实践探索看,以学生综合评价的不断深入来"搅活一池春水",能够助力基层学校提升办学活力,实现发展的迭代升级。

一、指向学生核心素养发展,设置综合评价指标,让管理活起来

学校教育活动具有规律性,表现为教育内容具有规定性、教育活动的实施流程化、教育对象发展具有阶段性等,这增加了学校管理出现重复僵化的可能。同时,教育活动具有高度的复杂性,对象的千差万别、情境的错综变化、任务的艰巨与全面,要求学校管理时刻保持创新。学生综合评价是学校教育活动的重要部分,对其既要正视复杂性,也要利用规律性,才能使其成为提高学校管理效能的抓手。具体表现为,在评价内容上保持相对的稳定,在评价策略上不断因应学生的变化,对学生评价资料的使用追求规范性和科学性。实践发现,通过紧紧围绕学生发展核心素养这一育人目标的内核,合理设置综合评价指标,设计评价活动开展的流程,是以学生综合评价增强学校管理活力的先手棋。

(一)以指标设计助力学生核心素养培育

在设置评价指标时,要将促进核心素养的提升纳入重要考量,并结合学校发展已有基础与育人理念进行选择。中国学生发展核心素养包含文化基础、自主发展、社会参与三个方面的六大素养。在此框架内,基于学校在"如何培养合格人才"方面的已有探索,选取可以在校本评价中有较大挖掘价值且可以进一步突破

的方面。以初中学校培养学生文化基础方面的素养为例,初中生已经基本具备小学阶段所重点培养的学习兴趣、学习习惯等基础支撑点,而且在毕业考与中招考试的压力以及高中学校强调学业成绩表现的现实要求下,在初中生文化基础夯实过程中,应该关注其学业能力的提升并加以评价。当然,身心健康和社会实践能力作为学生全面发展不可缺少的基础,也应被纳入评价。

表1 核心素养视域下初中学生综合评价指标设置

一级指标	学业能力			身心健康			社会实践	
二级指标	认知能力	非认知能力	学习表现	体质水平	健身习惯	心理健康	行为规范	责任担当
三级指标	相对表现 进步幅度	学业情绪 学习动机 自我效能感	学习态度 学习投入 学科能力	健康测试 技能测试	锻炼时长 参与项目	心理测试 自我评估	规范养成 活动参与 劳动能力	自主管理 社会认可

在指标细化中呈现核心素养培育落在评价活动中的具体通道,贴合学校发展实际。比如,市西初级中学把培养具备"悦学、悦思、悦行"能力和"自立、自律、自进"能力的初中生作为育人目标,在综合评价中既关注学生的外显行为和学业表现,也关注学生内在的学习感受和自觉能动性的发挥程度。以学业能力的二级指标和三级指标设置为例,可以看出这些指标从学校实际出发,指向学生核心素养培育,从学生学业能力发展的长远目标着眼,关注学生学习的本质要素,并结合日常表现这一过程性要素和学业表现这一阶段性结果,为学生的学业能力评价提供立体丰富、较为完整的描摹。

(二)以指标确立触发学校管理更新

综合评价指标体系开发的过程,是一个参考专家意见和已有研究成果,听取校内各组室以及广大教师的建议,多次调研、整理、优化,并在试用中不断调整内涵和具体表述的过程。校内所有力量被调动,站在"培养什么样的人"的高位上重新审视学校的办学行为,对于学校管理要围绕什么、落在什么点上,也有了更加系统细致的思考。这对于学校管理来说,正是最佳的自我更新契机,也为管理的有效性提供了支撑。

在市西初级中学的校本探索中,学生综合评价行动为已进入"舒适区"的学校管理团队提出了新的任务要求:确保学生评价实施中的科学设计、资源优配、过程指导和反馈优化。基于这一任务,学校确立了三步走的策略:首先,重新审视并梳理学校文化发展脉络,全面把握师生发展的校本特征,确立一级评价指标框架,为学生综合评价注入校园文化和发展现实的养料。这一步的完成,推动管理团队走出了"舒适区",认准学校发展新要求,使管理观念和方式不断更新。其次,自上而下的调研与自下而上的建言密切结合,通过持久而全面的校内大讨论,明确"评什么""如何评""评后如何用",基于调研数据和利益相关者意见,明晰指标内涵,规范评价流程,确立"从评价到教学改进"的研修路线。在这一步的行动中,管理团队被引领进入"学习区",从文献中学,向师生员工学,习得新的知识技能,使管理模式更趋扁平化。第三,聚焦"评中"和"评后"的反馈优化,畅通"在评价中学习"的师生发展路径,夯实基于评价进行研修并改进教学的实践操作模式,打造有利于教师、学生、家长及时充分反馈的平台系统,确保评价切实指向并促进学生的成长进步。在这一阶段,对评价进行管理的工作效果不断得到检测,及时改进,"学生全面发展"这一管理目标的核心和基本立足点再次被强调,管理团队在实现这一目标的方法和途径上不断开拓,走向"成长区"。"牵一发而动全身",无论是对学校全局工作,还是针对学校管理团队的成长,探索学生综合评价的行动都在不断激发它们的活力。

二、凝聚教师成长共同体,开发学生综合评价策略,让教师动起来

学生是一个完整的人,其各方面的发展不可以被割裂。对学生进行综合评

价,就是在不同的层次、类别、维度收集学生发展变化的信息,加以整合,呈现学生发展的整体状态。这依赖于不同主体的真正参与,更需要不同学科、不同岗位教师的通力合作。同时,教师个体作为评价信息的使用者,更加离不开团队的支持。对学生整体特征和个体独特性的把握,需要同事间频繁的交流分享;对学生因材施教,提供有针对性的学习指导与支持,更需要教师与各方"学生成长中的重要他人"搞好配合。可以认为,在学生综合评价活动中,教师不仅需要来自管理者和前辈同事的自上而下的指导,更需要积极地参与到自下而上的评价反馈中,更多地与学生、与同事、与家长发生横向联系。单就综合评价活动在校内的开展来说,教师共同面对这一艰巨、复杂的任务时,会自发抱团,成为一个你中有我、我中有你的成长共同体,自觉成为学生综合评价网络中的坚实节点。

适用于不同评价指标的操作策略是不同的,评价策略的选择与制定,更加倚重教师的集体协作。比如,对学业成绩和身心健康等数据的分析,需要教导处组织专门人员统一进行,而日常表现和关键事件的分析则需要教师通过团队研修,找到合适的路径。以表 1 中的"学习表现"这一指标为例,为更好地呈现过程,以规范、科学的方式收集评价证据,教师们以学科教研组为单位,自发组成评价共同体,依据学科核心素养要求,在设计与实践中多次来回,确立了学科日常学习表现的观测点,明确对不同评价内容采取的策略,呈现出团队评价任务催着团队跑、团队活动带动教师成长的可喜态势。

(一) 日常观测记录表,使评价有据可循

教师对学生的日常表现评价,通常较多受到教师本人的主观感受影响,导致评价后的改进缺乏有效切入点。使用日常观测记录表,让教师形成循证实践的教育习惯,从学生行为表现中抓住要害。教研组开发了日常观测记录表,由教师根据学业程度、性格特征、性别等差异进行个案学生选择,跟踪观察并记录。教师在

观察时,可以根据学生情况选择一个或多个维度,以勾选和添加具体描述的方式来记录。每周的记录里要对学生的表现进行一次整体评价,比较之前的记录,对学生学习表现的变化进行识别,聚焦具体问题,挖掘可以进行教育改进的潜在抓手。教师每学期基于学生观察的记录撰写一篇案例并提交给教研组,为组内研修和带动其他教师在同类问题上的改进提供参考。表2是一位英语教师对一位学生进行长达6个月的跟踪后所做的记录总结。

表2 八年级9班小周英语学习表现观测总结表

		作业按时完成		上课认真听讲		作业及时订正
2020.11	不能做到↓能做到	基础部分敷衍了事,阅读部分经常空着不做	不能做到↓能做到	前十分钟还能做到认真听讲,到后面就开始犯困	不能做到↓能做到	分析过的题目没有及时订正,也没找老师和同学求助
2020.12		基础部分开始认真对待,阅读部分经常空着不做		认真听讲时间更长了,犯困时也会自己站起来以保持清醒		分析过的题目大部分能够及时订正
2021.2		基础部分正确率有所提高,阅读部分后两篇还是不做		分层课和平时课上,都能跟上老师的思路,不懂就问		默写订正每天主动交到办公室,错因分析也清楚,但阅读部分还做不到及时订正
2021.3		阅读部分基本能完成,也按时交作文,但质量不高		分层课和平时课上,都能跟上老师的思路,不懂就问		默写订正每天第一个交,错因分析清楚,阅读部分也及时订正
2021.4		阅读部分基本完成,按时完成作文,语法错误较多		分层课和平时课上,都能跟上老师的思路,不懂就问		默写、阅读和写作部分的订正都能及时做到
2021.5		阅读部分基本完成,按时完成作文,语法错误减少		分层课和平时课上,都能跟上老师的思路,不懂就问		默写、阅读和写作部分的订正都能及时做到

记录人:徐老师　记录时间:2020年11月—2021年5月

徐老师在谈及观测表使用感受时说:"记录学生的学习表现,让我对学生的变化手中有据、心中有数,对学生的评价和提供的指导,也不再是'经验主义'了。同时,为了让评价更准确,引导更到位,我必须时刻与孩子的目光保持平行,俯下身子,走到他们中间去,师生关系也更亲密融洽了。这种新的学生评价方式,不仅让我感受到了专业成长,也增添了职业幸福感。"

(二) 开展表现性评价活动,让学习有序发生

表现性评价围绕学生在学习活动中对学习目标的达成程度和具体表现展开,既是对具体行为的评价,也是旨在以评价目标引领学生的学习活动进而促进学生学习的评价。把表现性评价引入课堂教学,有助于提升综合评价中关注学生学习过程的有效性。在教师发展共同体的带动下,教师积极参加表现性评价的讲座和交流学习活动,从评价目标确定、评价任务开发和评分规则设置等方面,将表现性评价的理念与技术引入日常教学。

1. 识别学科核心素养,确立表现性评价目标

首先,教师基于研修讨论和交流,将学科核心素养要求与具体的教材内容进行应用分析;其次,教师要定位单元教学内容中与学科核心素养的对接点,将学科核心素养的要求具体化,根据具体课时安排进行分解或有所偏重;第三,基于具体活动,将评价目标细化为学生在活动中的可能行为表现,使其成为对学生活动表现的期待性指引。

2. 提供学习支架,开发表现性评价任务

评价任务是表现性评价的重要载体,也是学生在目标导引下强化知识与技能、掌握方法、增进情感的平台。教师们所开发的评价任务,尽量贴合真实情境,顺应课程教学目标,追求小而实。比如,语文课上,学生以小组形式改编并表演古文中的故事;数学学习中,学生基于自己对某一概念和定理的理解,向同伴展示绘

制的思维导图,当众讲述解题思路。多样化的活动、有趣的设计、贴近实际的要求,像一组组易于攀爬的学习支架,带学生进入最近发展区。

3. 突出学生的主动学习,提升教师教学有效性

评价活动引导学生按照评价目标去行动、去学习,知道自己"要去哪里"。不仅有教师根据评分规则进行打分,也引入同伴对其行为表现进行评价,学生在自我评价和他人评价的过程中对自己"在哪里"有了清楚的认识,对"如何到那里(目标)"开始思考。将活动目标直接、快速地呈现出来,教师也能从每一节课、每一次活动中发现教学的待改进空间。

表3 《数学》八年级下册第二十二章"特殊平行四边形复习"的表现性评价活动设计

维度		评价等级		
		水平一	水平二	水平三
几何学习素养	拼搭特殊平行四边形	不能够参与活动或者只能拼出一种特殊平行四边形	能够参与小组活动,并且可以与同学合作拼出两三种特殊的平行四边形	积极参与小组活动,可以拼出三种以上的特殊平行四边形
	画图说理	在小组成员的帮助下将拼搭图形绘制成图,但是不能对几何图形进行说理证明	能够独立绘制几何图形,可以在小组成员的帮助下,对拼搭的图形进行简答的说理	在小组里面起到引导性作用,能够独立绘图并完成说理。在画图说理的过程中主动帮助有困难的同学,大家一起合作
	归纳整理	无法写出特殊平行四边形的边、角、对角线、对称性的性质	在同学的帮助下能够写出特殊平行四边形的边、角、对角线、对称性的性质	可以独立完成,并且能帮助同学整理归纳特殊平行四边形的性质和判定
课堂表现	上台展示	不能够或者不愿意上台展示	愿意上台展示,需要同学帮助证明说理	能够主动积极展示,并能够证明说理

表现性评价手段的引入,犹如一粒石子投入平静的水面,带来了课堂教学的改变。它改变了教师以事后评价为主的习惯,引导教师思考:评价为了什么? 评

价如何与教学相融合？怎样让评价成为学生学习的一种途径？它向教师提出了增强专业能力的要求。在校内培训、集体研讨、边操练边改进中,教师为了掌握表现性评价手段,需要去反复琢磨学科核心素养,不断丰富教学设计策略,使自身专业发展呈现出新面貌。

三、畅通评价—反馈—优化渠道,提供自主发展支持,让学生不断生长

基于评价的反馈与改进是评价的生命力所在。学生综合评价为查找教和学的问题提供了可靠的证据,为教育行为改进指明了方向,为学生的自主发展提供了有力托举,让学生从综合评价活动中真正受益。尊重学生学习主体地位的评价和改进,同样提升了学生的学习效能感,也让鲜活的生命更加生机勃勃。

(一)凡评价皆有反馈

向学生提供的评价反馈分为两种,一种为图表类,分学科模块展示学生学业表现在班级中的相对水平,显示相对本人原有水平的进步状况,展示学生已有学习投入的成效,以及需要着力提升之处,如图1和表4所示。

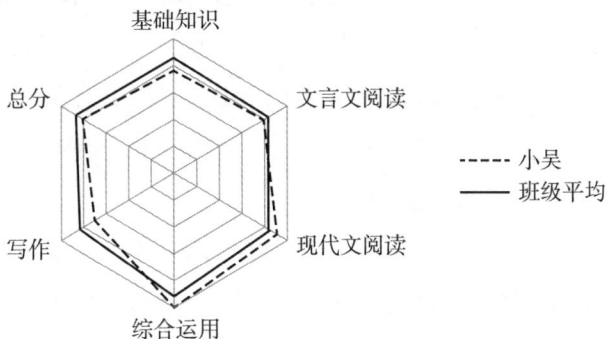

图1　2020学年第二学期期中测试语文学科成绩分析(九年级1班小吴)

表4　2020学年第二学期小吴期中测试语文学科进步幅度报告单

	基础知识	文言文阅读	现代文阅读	综合运用	写作	评语
语文	68%	70%	45%	100%	20%	与上学期期末测试相比,你的语文基础知识、文言文阅读和综合运用部分进步飞速,写作部分近期的学习成效不明显,要有针对性地强化练习。

备注:进步幅度以2020学年第一学期期末测试表现为基准,35%以下为进步不多,65%以上为进步非常大。

另一种为教师的评语反馈。基于日常表现做出的评价,以描述性评语的方式反馈给学生,肯定学生哪些题目或步骤做对了,强化解题中学生所运用的正确方法,如添加辅助线、应用定理推论等。同时也提供纠错指导,如"你需要去阅读数学书78页的例2,然后再试试看"。这些具体清晰的描述性评语,让优化的学习策略变得触手可及,使学生学习改进的意愿和能力都能更频繁地发生。

(二) 凡反馈皆有改进

为确保基于反馈的学习改进更多、更及时地发生,学校需要为评价管理和教师团队研修开辟更多途径。例如,以更有力的保障和更多的投入,形成"精细化学情分析——精准校本研修——教师教育行为优化——行为效果评价"的研修模式。教师也需要对评价中凸显的问题积极采取行动,以更有深度、更具个性化的措施导航学生的自主发展,使其不断成长。据此,教和学的改进与管理的更新互相促发,把学校生态导入新的有机循环中。

学生在综合评价—反馈—优化的循环中能获取更大的发展自信和支持,不断丰厚其薄弱之处,弥补其发展短板。我们可以从小D的成长案例中一窥其奥秘。小D入校之初就是同学眼中的好榜样,是一名"老"志愿者,在六年级上学期就获评"上海市金爱心少年",但期末的综合评价单显示,他的社会实践能力突出,学业能力表现却不尽如人意,各学科模块的分析显示他的基础部分较为欠缺。教师团队针对他的发展痛点和成因,与小D一起,从时间安排、学习态度、学习心理调适等方面制定了一份学习改进方案。经过一年的时间,小D的学业表现让人刮目相看。因其各方面表现突出,小D于2021年1月荣获"全国优秀少先队员"称号,顺利进入从优秀到卓越的成长轨道。

四、结语

学生的全面发展有后劲,教师的专业成长有支持,学校的日常运转有生机,这是一所有活力的学校呈现出来的面貌。提升学校的办学活力,就是要努力为师生发展注入新能量,为学校运转拓展新可能。学生综合评价从学校发展的核心区域发力,引发学校多方面革新,为学校系统输入新鲜活力。然而,办好学校教育的关键在于教师,提升学校办学活力更离不开教师的充分参与、积极探索。学生综合评价能否持久地提升学校的办学活力,最终取决于在综合评价实施过程中教师的行动是否有效。比如,在学生全面发展的各个方面,教师的学生评价理念是否与时俱进,评价方法和手段是否准确掌握、科学运用。

在校本探索中,我们发现,当前教师开展学生综合评价活动还存在不少问题,诸如评价知识储备不足、更新缓慢,评价操作容易卷入习惯动作,在评价活动中团队作战能力偏弱等。针对这些问题,我们认为,为在职教师提供评价素养提升的校本支持,在教师评价素养领域提供托底式培训和优化提升的专项活动,对确保学生综合评价的有效实施不可缺少,对通过学生综合评价提升学校办学活力来说至关重要。

限于篇幅,本文主要围绕学生综合评价中的学业能力维度选取案例并呈现效果,实际上,身心健康和社会实践维度的综合评价活动同样使学校发展生发出新面貌。将三个维度的评价结果进行综合运用,对于学生的成长、教师的发展和学校的革新,具有更加重要的意义。我们深知,学生综合评价只是学校复杂系统中的一个部分,它解决不了一所学校面临的所有问题,但学生综合评价所产生的撬动效应不容小觑。有效的学生综合评价,能衡量学校为促进学生全面发展所采取措施的有效性,让学校改进教育行动的契机与切入点被看见,提升学校办学活力,这足以值得更多的基层学校去尝试和探索。

参考文献

[1] 钟启泉,崔允漷. 核心素养与教学改革[M]. 上海:华东师范大学出版社,2018.

[2] Jan Chappuis. 学习评价7策略:支持学习的可行之道[M]. 刘晓陵,等,译. 上海:华东师范大学出版社,2019.

[3] 易凌云."五唯"问题:实质与出路[J]. 教育研究,2021(1):4—14.

[4] 周文叶. 中小学表现性评价的理论与技术[M]. 上海:华东师范大学出版社,2014.

范颖　上海市市西初级中学校长

张雪艳　上海市市西初级中学道德与法治教师　教龄13年

后 记

时入深秋，当甄选的 19 篇文章经过评审与修改、打磨与提升，最后落在纸面上时，本年度的"黄浦杯"教育征文活动才算真正告一段落。编著一本获奖作品集，是"黄浦杯"征文组委会和《上海教育科研》编辑部历年来沉淀优秀文本的一种方式，也是我们致敬作者、评委和读者的心意。

2021 年的主题是"教育的活力"，这是教育研究绕不过去的永恒主题。教育活力，说到底是人的主体性和能动性的释放，表现为教育教学中产生的新思维、新实践、新机制和新突破，又因为主体、视角和领域的不同，激发和增强活力的策略和路径也不同。这些思考聚焦到写作思路上，无外乎是讲清一个观点，建构一个框架，展开一个案例，提炼一些有效经验。其中最关键的是，教师和学生是教育活力体现的最终也是最直接的主体兼客体。在当下，重新理解这个主题，以及挖掘和提炼这个主题背后的理念创新和实践智慧，是促进教育科研发展的重要抓手，同时也是在回应时代要求。

在遴选作品和编撰篇章时，既要从教育活力的本义出发去设计维度，又要考虑领域或方向的代表性，编者几番统筹和调整，最终形成了相对平衡的五个篇章：

焕发学生学习的活力、激励教师发展的活力、创生管理方式的活力、拥抱创意设计
的活力和转换评价体系的活力。在这些章节中,不同的作者呈现了不同的答案,
但他们都指向了教育活力的生成。

这一年来,一如既往踩着有规律的节奏完成了主题策划会、征文动员会、专题
辅导会、三次评审会,以及更多的非正式组织的发动、研讨、修改和分享等活动。
上海各区和长三角各地市的教科研负责部门承担了发动、指导和收发的工作,具
体而微,尽心尽力;成千上万的研究者和实践者下笔试水,书写他们的想法和做
法。我们收获了数以千计的作品,似乎回应着各方的付出。

有太多的谢意,无法一一单列表达,仅以最简短的语言回顾几个关键节点:江苏省
南通市教科院策划、启东市折桂中学承办征文动员会,《中小学管理》主编带来深度的专
业报告,以"教育活力激发的常识与常规"为题给与会者破题;浙江省诸暨市教育研究中
心组织、行知幼教集团承办专题辅导会,主办方开宗明义地给出写作要点和策略,并辅
以实例阐述,使参会的"长共体"通联员回去后传达的信息更对标;浙江省杭州市教科院
牵头、严州中学承办终评研讨会,主办方邀请各高校教授和教科院所长把关终点的质
量。这些组织和个人贡献的劳力和智力,保证了整个征文活动的有效实施。上海市
黄浦区教育局和黄浦区教育学院永远是最给力的后方,他们参与全程工作并为征文
活动提供财力保障。华东师范大学出版社的彭呈军老师和白锋宇老师,他们的专业
操守达成了"最后一公里"的实现。多方协力,最终才有我们手上这份沉甸甸的文集。

一个健康的肌体,是有活力的;一个健康的教育系统,也应该是有活力的。活
力是能够生成的,这也是"黄浦杯"教育征文活动经久不衰的秘诀。"黄浦杯"教育
征文活动已走过十八年,彰显了这个活动本身的价值,也意味着,十八年来有许许
多多长三角教育科研人都在为此接力和续力,携手同行,相互成就。

编者
2021 年 10 月于上海